Amanda Porter

Liebe Angst, jetzt ist Schluss!

Über die Autorin

Dr. Amanda Porter ist ein introvertierter Mensch und eine Autorin, die sich leidenschaftlich für Glauben, Hoffnung, seelisches Wohlbefinden und Genesung von psychischen Erkrankungen einsetzt. Sie ist Fachärztin für innere Medizin, Psychiatrie / Mental Health und Suchtkrankheiten und arbeitet im landesweit renommierten Lindner Center of Hope, einem Zentrum für psychische Gesundheit, das mit der University of Cincinnati verbunden ist.
Amanda lebt in einem Vorort von Cincinnati, Ohio, zusammen mit ihrem Mann Joseph, einem Filmemacher und Leiter der Whitewater Crossing Christian Church. Zusammen haben Amanda und Joseph zwei Kinder, einen Boxermischling namens Marley und eine Covid-Katze namens Izzy.
Mehr erfährst du über die Autorin auf Instagram: AmandaPorterNP und auf ihrer eigenen Homepage: AmandaPorterNP.com.

AMANDA PORTER

Liebe Angst, jetzt ist Schluss!

Lerne deine Ängste zu verstehen und finde Wege in ein befreites Leben

Aus dem amerikanischen Englisch
von Renate Hübsch

GerthMedien

Die amerikanische Originalausgabe ist im Verlag
BroadStreet Publishing Group, LLC. Savage, Minnesota, USA, Broadstreetpublishing.com
unter dem Titel „Dear Anxiety, Let's Break Up" erschienen.

1. Auflage 2024
Best.-Nr. 821080
ISBN 978-3-98695-080-4

Übersetzung: Renate Hübsch
Lektorat: Ruth Harmsen
Umschlagfoto: Adobe Stock/Andrey
Umschlaggestaltung: Kathrin Steigerwald
Satz: satz-bau Leingärtner, Nabburg
Druck und Verarbeitung: GGP Media GmbH, Pößneck
Printed in Germany

www.gerth.de

Ich versuche immer noch, die Grenze zwischen
der professionellen Expertin (die ich bin)
und dem authentischen Menschen, der seine Kämpfe
zu kämpfen hat (der ich auch bin), zu finden.
Für alle meine Patienten, die mir zugestehen,
dass ich beides sein darf.

INHALT

Eine kleine Gebrauchsanweisung 9

Einleitung 11

Einheit 1 Umgang mit Emotionen 19
Einheit 2 Kommunikationssystem 22
Einheit 3 Unveränderliche Liebe 25
Einheit 4 Kontrolle 28
Einheit 5 Menschliche Stressreaktion 31
Einheit 6 Innerer Monolog 35
Einheit 7 Dankbarkeit 39
Einheit 8 Beschenkt und gestresst 43
Einheit 9 Input 47
Einheit 10 Geduld 52

Zwischenbilanz Nr. 1 56

Einheit 11 Identität 57
Einheit 12 Kluge Entscheidungen treffen 60
Einheit 13 Worte der Ermutigung 64
Einheit 14 Hoffnung 67
Einheit 15 Denkmuster 71
Einheit 16 Persönliche Bedürfnisse 75
Einheit 17 Gottes Pläne 78
Einheit 18 Ausdauer 81
Einheit 19 Achtsamkeit 84
Einheit 20 Sinn des Schmerzes 88

Zwischenbilanz Nr. 2 91

Einheit 21 Mehr Dankbarkeit 92
Einheit 22 Nähe hat Macht 95
Einheit 23 Beten und Danken 99
Einheit 24 Umdeuten 103
Einheit 25 Ausdauer 107
Einheit 26 Er macht alles neu 110
Einheit 27 Umkehr zum Gebet 113
Einheit 28 Keine Verluste 116
Einheit 29 Gott suchen 120
Einheit 30 Heil, nicht gesund 123

Zwischenbilanz Nr. 3 127

Einheit 31 Bestätigungsfehler 128
Einheit 32 Vermeidung 132
Einheit 33 Radikale Akzeptanz 136
Einheit 34 Christus ähnlich werden 140
Einheit 35 Geschichte 144
Einheit 36 Umfassende Information 148
Einheit 37 Die Hoffnung feiern 152
Einheit 38 Ein ausgewogenes Leben gestalten 156
Einheit 39 Medikamente 160
Einheit 40 Anderen eine Stütze werden 164

Abschlussbilanz 168

Nachwort 169

Anmerkungen 173

EINE KLEINE GEBRAUCHSANWEISUNG

Ich bin zwar Expertin für psychische Gesundheit, aber mir ist bewusst: Ich bin nicht diejenige, die dich medizinisch betreut, und ich kenne die Details deiner persönlichen Erfahrung mit Angst nicht. Ich hoffe aber, dass du in meinen Worten Zuversicht findest. Und ich möchte dir empfehlen, dass du das, was ich in diesem Buch vorstelle, mit deiner Ärztin oder deinem Therapeuten, die du am besten kennst, besprichst. Die Geschichten und Namen von Patienten in diesem Buch wurden geändert, um ihre Identität zu schützen, sie sollen jedoch als Reflexionsmaterial und Anwendungsbeispiele dienen, um Menschen zu helfen, die mit Angstzuständen kämpfen. Und sie wollen dir sagen: „Du bist mit deinen Ängsten nicht allein." Wir bewältigen diese Erfahrung gemeinsam.

EINLEITUNG

Ich weiß nicht, wie es dir geht, aber ich habe in den Regalen christlicher Buchhandlungen unzählige hochwertig ausgestattete Geschenk- und Andachtsbücher mit geprägtem Umschlag und ansprechend illustrierten Seiten gesehen. Darin findet sich meist ein wohlformulierter eingängiger Inhalt, oft in Form von Versprechen oder bestimmten Feststellungen, der die Leser überzeugen soll. Bücher dieser Art preisen die unermesslichen Verheißungen Gottes in einem Ton, der mir sagt, dass ich alles Gute, was mir widerfährt, verdiene und ein Recht darauf habe, als sei das Leben ein einziges Zuckerschlecken, nur weil ich mein Leben in den Dienst meines Erlösers gestellt habe.

Wir wurden in die Irre geführt – sei es durch unsere eigenen unrealistischen Erwartungen und Annahmen oder durch äußere Einflüsse wie etwa derartige Andachts- und Geschenkbücher, die uns Befreiung von Sorgen und Ängsten garantieren, nur weil Gott uns liebt und das Beste für uns will. Natürlich ist es wichtig, uns daran zu erinnern, welcher Reichtum uns als Erbe verheißen ist, weil wir Christus lieben und ihm folgen. Aber es ist ebenso wichtig, dass wir die Bibel lesen und ihren Kontext verstehen. Und besonders gilt dies, wenn wir in der Heiligen Schrift nach Anleitungen suchen, wie wir mit unseren Ängsten umgehen sollen.

Dieses Andachtsbuch unterscheidet sich vermutlich von vielen anderen, die du gelesen hast, denn ich möchte nicht nur Ermutigung anbieten, sondern auch Wissen vermitteln. Ich bin nicht daran interessiert, das, was die Bibel über den Umgang mit Emotionen zu sagen hat, oberflächlich schönzureden. Aber auch wenn ich Trost und Orientierung bieten möchte, ist es nicht meine Aufgabe, meinen

Leserinnen und Lesern einfach nur ein gutes Gefühl zu vermitteln. Unsere Beziehung zu Gott ist kein Kuhhandel, und ich möchte niemandem vormachen, dass ein Leben im Dienst für Gott ein Leben ist, in dem wir nie stolpern, uns abmühen müssen oder schwanken.

Angst ist eine ernste Sache. Als Wissenschaftlerin und Klinikärztin weiß ich, was Angst ist, was sie bewirkt und welche Botschaft sie uns vermittelt. Ich kann leicht benennen, wie ein erfolgreicher Behandlungsplan für jemanden aussehen sollte, der mit Ängsten zu kämpfen hat. Als Mensch gebe ich zu, dass mich meine eigenen Ängste (sowohl allgemeine als auch soziale) trotzdem überlisten. Deshalb möchte ich auf den besseren Weg hinweisen, liebe Freunde, wie wir unseren Sorgen begegnen können, und er wurzelt in unserem Glauben. Unser Glaube kann unsere Angst überwinden, denn es ist möglich, aus einem Leben der Angst aufzubrechen in ein Leben des Glaubens.

Vielleicht fragst du dich, ob Angst eine Sünde ist oder ob es in Ordnung ist, Medikamente zu nehmen, um sie zu bekämpfen. Womöglich plagen dich Scham, Schuldgefühle oder Vorwürfe, dass dein Glaube an Christus ausreichen sollte, um dich zu heilen. Es mag auch sein, dass du auf der Suche nach praktikablen Strategien bist, die helfen, deine Angst aus dem Glauben heraus zu bekämpfen. Oder du möchtest mehr über diese Fragen erfahren, damit du einen nahestehenden Menschen unterstützen kannst, der von Angstzuständen betroffen ist. Wenn etwas von alldem auf dich zutrifft, dann darfst du wissen: Ich habe dieses Buch für dich geschrieben.

Was ist damit gemeint, wenn ich das Wort Angst oder Angstzustand verwende? Beides beschreibt einen Zustand von Beunruhigung, Nervosität und Bangigkeit. In einem Angstzustand empfinden Menschen ein Gefühl des Grauens oder der Sorge im Blick auf irgendein zukünftiges Ergebnis, und sie haben das Gefühl, darauf keinerlei Einfluss zu haben.

Darüber hinaus ist Angst auch eine körperliche Erfahrung. Zu den Symptomen gehören Kopfschmerzen, Muskelverspannungen, zittrige Hände und ein unruhiger Magen. Unser Herzschlag erhöht sich und wir empfinden eine Beklemmung im Brustbereich. Außerdem kann uns übel werden oder wir fühlen uns schwach und haben Mühe zu atmen. Wir schwitzen und zittern, und was noch schlimmer ist: Andere können unsere körperlichen Reaktionen bemerken, und das verursacht zusätzlich Gefühle von Scham und Peinlichkeit.

Auch spirituelle Symptome und Auswirkungen werden häufig mit Angst in Verbindung gebracht: ein Verlust des Lebenssinns, ein Mangel an Hoffnung für die Zukunft oder die Unfähigkeit, sich auf Gott zu konzentrieren oder zu beten. Ein Patient beschrieb mir einmal seine Angst folgendermaßen: „Es ist, als hätte ich dreihundert verschiedene Browser-Tabs gleichzeitig geöffnet, die alle mit Informationen gefüllt sind und meine sofortige Aufmerksamkeit verlangen. Dabei kann ich mich nicht entscheiden, welche ich mir zuerst ansehen soll." Das ist, gelinde gesagt, ausgesprochen unangenehm.

Jeder Mensch empfindet irgendwann einmal Angst. Ein Leben ohne Ängste gibt es nicht. Doch was eine Klassifizierung als psychische Störung rechtfertigt, ist ein Zustand exzessiver, übermäßiger, alles verschlingender Angst oder Sorge. Im Folgenden finden Sie die Lehrbuchdefinition der Generalisierten Angststörung (GAD), der häufigsten Angststörung, von der etwa vierzig Millionen Amerikaner (mich eingeschlossen) und etwa vier Millionen Deutsche betroffen sind:

- Ein Aspekt ist das Vorhandensein übermäßiger Ängste oder Sorgen, die über mindestens sechs Monate hinweg nur schwer zu kontrollieren waren.
- Mindestens drei somatische (oder körperliche) Symptome müssen ebenfalls vorhanden sein: Dazu gehören Unruhe oder ein Gefühl der Anspannung, Herzrasen oder eine erhöhte Herzfrequenz, Hyperventilation oder Atembeschwerden, leichte Ermüdbarkeit, Konzentrationsschwierigkeiten, Reizbarkeit, Muskelverspannungen, Übelkeit oder Durchfall oder Schlafstörungen.[1]

Ich stufe Angst als Emotion ein und nicht als Sünde; darauf kommen wir später noch zurück. Wir Menschen haben nun einmal Emotionen, und es ist wichtig, dass wir sie beachten und erforschen und dass wir sie nicht verdrängen oder ignorieren. Dabei sollten wir unsere Emotionen unbedingt erkennen und benennen, damit wir sie beherrschen können, anstatt in ausschließlich emotionsgesteuerte Verhaltensweisen zu verfallen, die wir später bereuen könnten. Emotionen möchten uns etwas mitteilen, manchmal jedoch verstehen wir ihre Botschaft falsch. Deshalb bekommen sie zwar einen Platz in unserem Leben, aber sie dürfen nicht die Führung übernehmen.

Erweitern wir unseren Blickwinkel und sprechen wir nun über psychische Gesundheit im Allgemeinen. Unter psychischer Gesundheit verstehen wir nicht nur das Fehlen von Störungen oder Krankheiten; die Weltgesundheitsorganisation definiert sie vielmehr als „Zustand des Wohlbefindens, in dem der Einzelne seine Fähigkeiten ausschöpfen, die normalen Lebensbelastungen bewältigen, produktiv und fruchtbar arbeiten kann und imstande ist, einen Beitrag für seine Gemeinschaft zu leisten"[2]. Hier fällt auf, dass psychische Gesundheit oder Wohlbefinden mehr ist als nur die Abwesenheit von Krankheiten. Psychisch gesund zu sein, bedeutet mehr, als nur zurechtzukommen. Denn wenn wir psychisch gesund sind, können wir uns entfalten, unser volles Potenzial ausschöpfen, einen produktiven Beitrag zu unserer Gemeinschaft leisten, den Segen unseres Lebens weitergeben und uns für andere einsetzen. Unser Lebensziel als Menschen, die Jesus folgen, hat eine große Schnittmenge mit dieser Definition von psychischem Wohlbefinden.

Die frustrierende Realität ist jedoch leider, dass es, wenn es um die Diagnose psychischer Erkrankungen geht, keinen Goldstandard oder eine objektive Bewertung gibt. Es ist eine Sache von Gespräch und Beobachtung, also ein Gespräch mit einem Arzt oder einer Therapeutin, die uns als Person kennenlernen und dann eine Diagnose stellen. Das bedeutet wiederum, dass eine Diagnose je nach der medizinischen Fachkraft, mit der Sie zusammenarbeiten, unterschiedlich ausfallen kann. Ich vermute, dass dieser Mangel an Objektivität eine Ursache für das unglückliche Stigma ist, mit dem psychische Probleme behaftet sind. Denn nicht selten findet man in der breiten Öffentlichkeit die Meinung, dass durch das Fehlen einer objektiven Beurteilung, die eine eindeutige, schwarz auf weiß begründbare Klassifizierung liefert, alle Diagnosen, die die psychische Gesundheit eines Menschen betreffen, als unseriös, unzulässig oder wenig glaubwürdig anzusehen sind. Das ist etwas, was mich sehr betrübt.

Unsere biologische Stressreaktion ist natürlich und angeboren. Und auch wenn sie von Gott in uns Menschen angelegt wurde, bedeutet das nicht, dass sie nicht manchmal überwältigend oder überbordend sein kann. In solchen Situationen nach Entlastung zu suchen, ist wichtig, und als Christen wenden wir uns natürlich an die Bibel, um Orientierung und Hilfe zu finden. Ich habe das selbst auch getan.

Ich habe die Bibel durchforstet, um Antworten, Orientierung, Trost und Ermutigung zu finden. Aber ich habe es zunächst auf die falsche Weise getan. Ich fand Verse, die mir sagten, dass ich von Gott geliebt, wertgeschätzt, kostbar für ihn bin und dass er mich schützt. Deshalb habe ich erwartet, in ihr eine sofortige und dauerhafte Hilfe in meiner Not zu erfahren. Ich ging davon aus, eine Heilung zu finden, für die ich mich, abgesehen von kurzen Gebeten, nicht unbedingt anstrengen müsste und die mir angenehme, geordnete Verhältnisse mit vorhersehbaren, ordentlichen Resultaten verschaffen würde. Was ich nicht erwartet habe, waren tiefes Leid, anhaltender Kummer und eigene Anstrengung und damit eine tiefe Enttäuschung. Ich empfand eine große Diskrepanz zwischen dem, was ich in der Bibel las, und dem, was ich erlebte, denn ich fühlte mich nicht vor meinen Ängsten geschützt; stattdessen war ich einsam und niedergeschlagen. Außerdem fühlte ich mich geködert und hinters Licht geführt, kurz gesagt: Ich hatte das Gefühl, von Gott im Stich gelassen zu werden.

Meine Freunde, ich möchte euch etwas von dem Kampf ersparen, den ich selbst erlebt habe. Ich schreibe diese Worte für euch alle, aber ich schreibe sie auch für mich selbst. Ich habe zwar einen Weg gefunden, meine täglichen Ängste in den Griff zu bekommen; aber immer noch fühle ich mich jeden Tag hin- und hergerissen zwischen innerer Ruhe und Angst. Ich möchte, dass du verstehst: Wenn du auf deiner eigenen Reise zu innerem Frieden die Bibel durchforstest, kann es sein, dass du dich auch desillusioniert fühlst. Das heißt, bis du zu diesem Fazit gelangst: Zu Beginn eines jeden Kampfes steht das gewünschte Ergebnis, dass unsere Ängste verschwinden, aber im Rückblick, vom Sieg her gesehen, entdecken wir das, was uns tiefe Zufriedenheit schenkt, neue Erkenntnisse und eine innige Nähe zu Gott.

In diesem Buch werden wir uns mit Bibelworten befassen, viele davon aus den Psalmen und Sprüchen, in denen es darum geht, wie man mit Ängsten umgeht und Furcht aus dem Glauben heraus bekämpft. Dabei gilt es jedoch zu beachten: Viele Abschnitte der Bibel und viele Verse in den Sprüchen sind allgemeine Regeln, keine Versprechen oder Garantien. Wir sollten nicht vergessen, dass uns nirgendwo in der Bibel eine heile Welt versprochen wird, sie stellt sogar eher das Gegenteil in Aussicht: Prüfungen, Unannehmlichkeiten, Bedrängnis und Not. So heißt es in 1. Petrus 4,12: „Meine lieben Freunde, erschreckt nicht über die schmerzhaften Prüfungen, die ihr jetzt durchmacht, als wären sie etwas Ungewöhnliches."

Wenn wir die Bibel lesen, um darin Befreiung von unseren angstbesetzten Gedanken zu finden, müssen wir für uns selbst klären, ob ein Abschnitt deskriptiv oder präskriptiv ist, und uns fragen: Erhalten wir in diesem Text eine Information oder eine Handlungsanweisung? Was bedeutet dieser Abschnitt für mich persönlich auf meinem Weg aus meinen Ängsten?

Jeder, der dieses Buch liest, wird sich in einer anderen Phase seines Glaubens und seines Kampfes gegen die Angst befinden. Vielleicht bist du schon dein ganzes Leben lang Christ, in diesem Fall hoffe ich, dass du die Bibelverse, die ich behandeln werde, mit neuen Augen lesen kannst. Oder du stehst noch am Anfang deiner Glaubensreise und möchtest verstehen, welche Zusicherungen ein Mann namens Jesus dir gibt. Es kann aber auch gut sein, dass du in einer Flut von Informationen fast ertrinkst und verzweifelt nach echter Orientierung suchst.

Ich nehme dich mit auf eine Reise durch die Bewältigungsstrategien und Umdeutungstechniken der Bibel, die mir in meinem eigenen Kampf mit der Angst am meisten geholfen haben. Für jeden Tag findest du einen Bibelvers, ein kurzes Lebensbeispiel oder etwas Informatives, eine Botschaft zum Mitnehmen, einen Impuls für dein Tagebuch und ein abschließendes Gebet. Nach jeweils zehn Einheiten gibt es eine kurze Zwischenbilanz.

Mir ist bewusst, dass die meisten von uns überaus beschäftigt sind, sodass es schwierig ist, freie Zeit für die Arbeit mit diesem Buch zu finden. Deshalb habe ich dieses Buch absichtlich so gestaltet, dass man es in kleinen Häppchen lesen kann. Du kannst es zur Hand nehmen und weglegen, wie du grade dazu kommst. In jedem Fall möchte ich dich willkommen heißen.

Damit du am besten von den einzelnen Impulsen profitieren kannst, empfehle ich dir, dir eine ruhige, stille und friedliche Umgebung mit minimaler Ablenkung zu suchen, in der du ungestört lesen kannst. Schalte so viele Hintergrundgeräusche wie möglich aus, denn eine ruhige Umgebung hat eine eigene Wirkung. Darüber hinaus hat auch äußere Ordnung und ein leckeres Getränk, das bereitsteht, die Wirkung, dass du dich zur Beschäftigung mit diesem Buch eingeladen fühlst.

Schließlich ist es wichtig anzuerkennen und zu verstehen, dass jeder Mensch anders mit den Herausforderungen seines Lebens umgeht. Und so wird wahrscheinlich auch jeder etwas anderes von diesen Andachten mitnehmen. Egal, ob du einen absoluten Aha-Moment erlebst oder einfach nur ein bekanntes Konzept bestätigt siehst – jede Erkenntnis, die weiterhilft, betrachte ich als Erfolg.

Auch mir flüstert die Angst immer noch jeden Tag ihre Lügen ins Ohr; sie will nicht, dass ich sie vergesse. Aber ich habe viel Trost in Gottes Wort gefunden, wenn es darum geht, wie ich mit meiner angstbesetzten Gedankenwelt umgehen soll – das hilft mir weiter.

Und ich hoffe und wünsche, dass du dasselbe sagen kannst, wenn du dieses Buch durchgearbeitet hast – dass auch du erfahren konntest, dass eine überwältigende Angst einem dauerhaften seelischen Frieden gewichen ist.

Ich sende dir meine allerbesten Wünsche für deinen Weg zu Heilung, Wohlbefinden und Hoffnung,

Amanda

Einheit 1

UMGANG MIT EMOTIONEN

Nur er ist ein schützender Fels und eine sichere Burg.
Er steht mir bei, und niemand kann mich zu Fall bringen.
Psalm 62,7 (Hfa)

Wie viele Gefühle erlebst du täglich? Ich persönlich erfahre meist die komplette Bandbreite, und eigentlich tun wir das alle. Als Menschen sind wir nun einmal darauf programmiert, Gefühle wie Gereiztheit, Glück, Traurigkeit, Freude, Müdigkeit, Wut und Angst zu empfinden. Manche dieser Emotionen sind angenehmer als andere und manche sind leichter zu kontrollieren. Mit welchen Emotionen hast du am meisten zu kämpfen? Hast du den Eindruck, eine von ihnen bestimmt dein Leben? Du kannst jetzt nicht sehen, dass ich gerade die Hand hebe, aber womit ich am meisten zu kämpfen habe, sind Angstgefühle.

Angst kann eine Erfahrung sein, die sich schwer beschreiben lässt. Ich würde sie mit den Begriffen Angst, Sorge, Furcht oder Unruhe benennen. Vor allem aber ist Angst eines: eine Emotion. Wie lautet aber nun die Definition einer Emotion?

Ich bin auf einige gestoßen, und mir gefällt diese aus dem *American Heritage Science Dictionary* am besten: „Ein psychologischer Zustand, der spontan und nicht durch bewusste Anstrengung entsteht und manchmal von physiologischen Veränderungen begleitet wird; ein Gefühl." Nachdem ich diese Definition gelesen habe und wenn ich meinen Wissenschaftlerinnenhut aufsetze, weiß ich Folgendes über Emotionen:

- Da jeder Mensch einzigartig ist, sind Emotionen subjektiv.
- Da der Mensch mit einem autonomen Nervensystem ausgestattet ist, sind Emotionen spontan.
- Da wir überall in unserem Körper Nerven haben, sind Emotionen körperlich.
- Da Emotionen nicht durch bewusstes Nachdenken entstehen, sind sie nicht immer rational.

Ich lade dich ein, diese Liste noch einmal durchzulesen, aber ersetze diesmal den Begriff Emotionen durch das Wort Angst. Angst ist subjektiv und spontan. Angst kann körperlich sein. Ängste sind nicht immer rational. All dies bedeutet, dass Angst weder deine Schuld noch eine Sünde ist, sondern eine Emotion. Und da du ein menschliches Wesen bist, bist du so konstruiert, dass du Emotionen – und dazu gehört auch die Angst – empfindest.

Es liegt jedoch in deiner Verantwortung zu verstehen, wie du mit deinen Ängsten umgehen kannst. In der Tat ist eine der wichtigsten Fähigkeiten, die ein Mensch lernen kann, der Umgang mit den eigenen Emotionen, und das ist nicht einfach. Vielmehr erfordert es eine Menge harter Arbeit, denn wie bei den meisten Dingen im Leben gilt auch hier: Bequemlichkeit und Veränderung können nicht nebeneinander bestehen.

Hier ist etwas, das ich gerade lerne: Gott liebt mich so sehr, dass er mich als eine komplizierte, individuelle, erstaunlich komplexe Person geschaffen hat – mit meinen Emotionen und allem Drumherum. Er hat keinen Fehler gemacht, als er mir diese heftigen Gefühle gab, die oft zu rasenden Gedanken führen, die mich in ihren Bann ziehen. Manchmal werde ich von meinen Ängsten regelrecht überwältigt, aber das heißt nicht, dass ich das Problem nie lösen werde. Gott wusste, dass ich einen Weg finden würde, meine Ängste zu überwinden. Und er hat mir die Möglichkeit gegeben, diesen Weg weiterzugeben, damit andere – auch du – auf ihrem Weg ebenfalls Erfolg haben können.

Emotionen sind Kommunikatoren.
Mit der Zeit und mit Übung werden meine Gefühle
keine Macht mehr über mich haben.

Impuls für dein Tagebuch

Was ist ein Beispiel dafür, dass du deine Gefühle gut im Griff hattest? In welcher Situation haben deine Gefühle dich im Griff gehabt? Was war der Auslöser für deine Gefühle? Wie hättest du anders reagieren können?

Gebet

Danke, Gott, für die bemerkenswerte Art und Weise, wie wir geschaffen sind, einschließlich unserer Gefühle. Hilf mir zu verstehen, wie meine Emotionen als Kommunikationsmittel dienen können, nicht nur für mich selbst, sondern auch für die Menschen in meinem Umfeld. Gib mir Kraft, gut mit meinen Gefühlen umzugehen. Amen.

Einheit 2

KOMMUNIKATIONSSYSTEM

Er rettet dich vor dem Hinterhalt, schirmt dich vor tödlichen Gefahren. Er schützt dich mit seinen mächtigen Armen, vollkommen sicher bist du darunter. Seine Arme wehren allen Schaden ab.

Psalm 91,3-4 (nach MSG)

Ich freue mich wirklich darauf, vielen meiner Patienten in meiner Praxis zu begegnen. Wenn ich Bens Namen auf meinem Tagesplan sehe, muss ich lächeln. Er kämpft mit Depressionen und Angstzuständen als Folge seiner Herzerkrankung, die irgendwann eine Transplantation erforderlich machen wird, oder die Krankheit wird ihm das Leben nehmen. Seit einiger Zeit lebt er bei seiner Schwester und seiner Mutter, weil seine Depressionen, seine Angstzustände und seine Herzerkrankung ihn daran hindern, eine Arbeit zu finden und sein eigenes Geld zu verdienen. Es ist ein chaotischer Haushalt, weil auch seine Schwester und seine Mutter mit eigenen psychischen Problemen zu kämpfen haben. Ben ist Christ und wie viele meiner christlichen Klienten hat auch er mir die Frage gestellt: Ist es eine Sünde, Angstzustände zu haben?

Da ich nicht nur Fachkenntnisse über die biologischen Grundlagen von Angst und Stressreaktionen besitze, sondern auch Christin bin, beantworte ich diese häufig gestellte Frage nuanciert. Die wesentliche Aussage lautet: Nein, ich glaube nicht, dass Angst eine Sünde ist; Angst ist eine Emotion oder ein Gefühl. Ist Freude eine Sünde? Ist Traurigkeit eine Sünde? Ist Überraschung eine Sünde?

Wahrscheinlich hast du dich noch nie gefragt, ob diese Emotionen Sünde sind, denn Emotionen und Gefühle sind nicht von Natur aus schlecht oder gut.

Emotionen sind Teil dessen, wie Gott uns geschaffen hat, und sie helfen uns, uns selbst und anderen mitzuteilen, wie wir über eine Idee, ein Ereignis oder eine Person denken oder empfinden. Gefühle sind die Basis, die eine Aktion oder Reaktion auslösen. Dementsprechend sollen uns Emotionen, wie etwa die Angst, zum Handeln veranlassen. Angst ist also ein Kommunikator.

Das Problem mit der Angst als Kommunikator ist, dass man durch sie die Botschaft oftmals unrichtig hört, empfängt oder interpretiert. Und wenn wir impulsiv auf unsere Emotionen reagieren oder sie nicht beherrschen, haben sie das Potenzial, uns zu Entscheidungen zu verleiten, die letztlich zu Sünde führen. Darin liegt die Nuanciertheit meiner ursprünglichen Antwort.

Es ist zwar schwierig zu lernen, wie man den Spagat zwischen dem Empfinden eines Gefühls und dem Handeln aufgrund eines Gefühls meistert, aber es ist unsere Aufgabe als Menschen, unsere Gefühle genau wahrzunehmen und zu prüfen, ob sie realitätsgemäß und wahr sind. Und für uns als Christen gilt es, noch einen weiteren Schritt zu gehen und unsere Gefühle mit der Wahrheit Gottes abzugleichen.

Angst mag uns warnen, dass wir in Gefahr sind, aber Gott versichert uns, dass wir in Sicherheit sind. Die Angst kann behaupten, dass wir ungeliebt sind, aber Gott verspricht, dass wir in seinen Augen kostbar sind. Ängste mögen unsere Zukunft düster und hoffnungslos darstellen, aber Gott sagt: „Ich bin deine Hoffnung." Er möchte unsere Seele gewinnen, und weil er das unbedingt will, wird er jede Lüge entlarven.

Angst ist wie all unsere Gefühle ein Kommunikator, dem wir oftmals nicht vertrauen können. Deshalb ist es wichtig, unsere Angst auf ihren Wahrheitsgehalt zu überprüfen.

Impuls für dein Tagebuch

Wann hat dir deine Angst schon einmal eine Botschaft übertriebener Befürchtungen gesendet? Hast du überprüft, wie realistisch diese Befürchtungen waren, oder hast du aus Angst heraus gehandelt? Was waren die Folgen? Wie kannst du anders reagieren, wenn deine Angst das nächste Mal anklopft?

Gebet

Herr, ich danke dir, dass du mir mit meinen Emotionen ein inneres Kommunikationssystem gegeben hast. Hilf mir zu erkennen, wann meine Gefühle mich belügen. Hilf mir, dich um Weisheit und Klarheit zu bitten, statt meiner Angst zu glauben und mein Handeln davon bestimmen zu lassen. Ich weiß, dass dein Weg der beste für mich ist. Amen.

Einheit 3

UNVERÄNDERLICHE LIEBE

Ich bin überzeugt: Nichts und niemand in der ganzen Schöpfung kann uns von der Liebe Gottes trennen, die in Christus Jesus,unserem Herrn, erschienen ist.
Römer 8,39

Meine zwölfjährige Tochter Brooklyn Grace ist die perfekte Kombination aus mir (intelligent, organisiert, ehrgeizig) und meinem Mann (kreativ, sportlich, naturverbunden). Ihr Zimmer ist eine Art Kunstatelier, sie selbst ist ständig mit Farbklecksen bedeckt und sie bäckt weitaus mehr leckere Köstlichkeiten für unsere Familie als ich.

Meine Tochter mit ihrer sehr empfindsamen Seele fühlt aber auch alle ihre Gefühle bis zum Äußersten, und diese Gefühle sind für alle sichtbar. Das gehört zu den Dingen, die ich an ihr liebe. Man muss sich nie fragen, was sie gerade fühlt, denn es steht ihr regelrecht ins Gesicht geschrieben. Wenn sie traurig ist, laufen ihr die Tränen über die Wangen und ihre Schultern zucken vor Schluchzen. Wenn sie fröhlich oder amüsiert ist, gibt sie das schönste Lachen von sich, das ich je gehört habe, und ihr Lächeln allein ist schon eine Million Dollar wert ist. Und wenn sie wütend ist, zeigt sie ihre Wut ziemlich unmissverständlich.

Wenn Brooklyn intensive oder unangenehme Gefühle empfindet, fällt es ihr manchmal schwer zu verstehen, dass diese nicht von Dauer sind. Sie glaubt dann, dass sie sich immer so fühlen wird, aber das ist natürlich nicht der Fall. Ich erinnere sie dann bewusst daran und sage: „Es wird nicht immer so sein." Die Intensität ihrer Gefühle könnte der Grund dafür gewesen sein, dass Brooklyn irgendwann den Eindruck gewonnen hat, dass manche Gefühle gut und manche schlecht sind. Oder mit anderen Worten, dass manche Emotionen für Gott und die Menschen in unserem Umfeld akzeptabler und angenehmer sind als andere.

Zu dem, was ich ihr zu vermitteln und was ich selbst zu lernen versuche, gehört, dass Emotionen ein normaler Teil unserer menschlichen Existenz sind. Gott hat uns absichtlich so geschaffen und keine Emotion ist von Natur aus gut oder schlecht. Es gibt sicherlich unangenehme Emotionen, aber sie sind nicht an und für sich falsch, schlecht oder sündig. Und wenn wir Emotionen als schlecht bezeichnen, verstärken wir nur unsere Schuldgefühle, wenn wir diese *schlechten* Gefühle unweigerlich erleben.

Es ist in Ordnung, überfordert, wütend oder mutlos zu sein. Wir sind Menschen mit menschlichen Emotionen und wir tun alle unser Bestes. Es ist in Ordnung, heftige Gefühle zu haben, und es ist gut, sie vor Gott zu bringen. Er kann mit unserer Wut, Traurigkeit und Angst umgehen und verurteilt uns nicht und er sortiert uns schon gar nicht aufgrund unserer Gefühle in die Kategorien gut oder schlecht ein. Wie turbulent unsere Gefühle auch sein mögen, sie führen nicht dazu, dass er uns weniger liebt; seine Liebe zu uns ist unveränderlich.

Wie wäre es, wenn Gott unser emotionales Reaktionssystem so gestaltet hätte, dass es uns zu ihm hinführt? Freude kann uns näher zu ihm treiben. Trauer kann uns näher zu ihm ziehen. Angst kann uns sicherlich zu ihm treiben, und Traurigkeit kann uns ermutigen, ihn umso intensiver zu suchen. Er winkt uns, zu ihm zu kommen, und bittet uns, unsere Gefühle als das zu erkennen, was sie sein sollten: eine Methode der Kommunikation und ein Mittel, um ihm näher zu sein. Die Wahrheit darüber, wer er ist, wie groß er ist und wie sehr er uns liebt, bleibt von unseren wechselnden Gefühlen unberührt.

Manchmal empfinden wir ein Gefühl so stark, dass wir glauben, wir würden für immer so empfinden, aber das Gefühl wird vergehen.

Impuls für dein Tagebuch

Verleitet dich die Intensität deiner Gefühle zu der Annahme, dass diese Gefühle von Dauer sind? Was hat man dir über *gute* und *schlechte* Emotionen beigebracht? Wo hast du das gelernt? Wie kannst du das, was man dir über gute und schlechte Gefühle beigebracht hat, wieder verlernen?

Gebet

Guter Gott, danke, dass du mich mit Gefühlen geschaffen hast, auch wenn sie manchmal Amok laufen. Jede Sekunde, jede Stunde, jeden Tag brauche ich dich. Hilf mir zu verstehen, dass meine Gefühle Teil des durchdachten, komplizierten und bewusst so gestalteten Systems von Körper, Geist und Seele sind, das du in mir geschaffen hast. Amen.

Einheit 4

KONTROLLE

Er [der Heilige Geist] kennt uns viel besser, als wir uns selbst kennen [...] und hält uns ständig präsent vor Gott. Deshalb können wir so sicher sein, dass jedes Detail unseres Lebens, das wir in Liebe zu Gott leben, sich letztlich zum Guten auswirken wird.
Römer 8,26-28 (nach MSG)

Wie Millionen von Eltern fiel auch mir unvorhergesehen die Verantwortung für die Bildung meines Zehntklässlers zu, und zwar dank eines Ereignisses, das Auslöser für die meisten Ängste im Jahr 2020 gewesen ist. Erraten – die Covid-19-Pandemie. Plötzlich war ich eine Mutter, die ihre Kinder zu Hause unterrichtete, und all die Verantwortung, die diese Rolle bis hin zur Erstellung von Unterrichtsplänen mit sich brachte, lastete auf mir. Die ganze Situation war kompliziert und unterm Strich lief es darauf hinaus, dass mein Sohn gute Chancen hatte, in diesem Schuljahr in drei Fächern durchzufallen, was für einen Menschen wie mich (eine „Enneagramm Typ 1"-Person, die es allen recht machen will) der absolute Horror war.

Ich hatte nicht nur keine Kontrolle über die Pandemie, sondern auch nicht über die Benotungspolitik der Schule und die mangelnde Motivation meines Sohnes. Ganz zu schweigen davon, dass ich sehr wenig über den spanisch-amerikanischen Krieg und die Konjugation deutscher Verben wusste. Dieser plötzliche und sehr tiefgreifende Kontrollverlust ließ meine Ängste aufflammen.

Angst ist eine verbreitete Reaktion auf Ungewissheit und ein Gefühl des Kontrollverlusts. Und je mehr ich das Gefühl habe, die Kontrolle über meine Lebensumstände zu verlieren, desto ängstlicher werde ich. Es dauerte länger, als mir lieb war, dies zu lernen, aber die Realität ist doch die: Keine noch so große Kontrolle meinerseits über die Umstände meines Lebens kann mir meinen Seelenfrieden garantieren. Jede Garantie für Frieden kommt nur von einem – dem Friedensfürsten.

Was aber habe ich unter Kontrolle? Meine Gedanken, mein Verhalten und meine Handlungen. Sie kann ich beeinflussen. Welche Dinge liegen außerhalb meiner Kontrolle? Alles andere. Ich kann die Umstände, in denen ich mich befinde, oft nicht beeinflussen, aber ich habe es in der Hand, wie ernsthaft und wie schnell ich Christus *nachjage*. Ich kann nichts und niemanden kontrollieren, außer mich selbst.

Aber auch wenn ich diese Tatsache verstehe, hält mich das leider nicht von dem Versuch ab, in jeder Hinsicht alles in der Hand haben zu wollen. Oh, wie sehr ich das versuche. Warum glaube ich immer noch, dass ich Ereignisse besser wahrnehmen und vorhersehen kann als Gott? Ich weiß nicht, wann ich damit angefangen habe, aber irgendwann in meinem Leben begann ich zu glauben: Wenn ich nur die Details einer Situation bestimmen könnte, könnte ich auch die Möglichkeit ausschließen, dass etwas schlecht ausgeht.

Die Angst, die wir empfinden, ist oft ein Produkt der gefallenen, zerbrochenen Welt, in der wir leben, und das übersetzt sich in uns in das Gefühl, wir seien unseren Umständen hilflos ausgeliefert. Aber nicht alles in der Hand zu haben, ist die Kehrseite der Freiheit. Ich habe gelernt, meine Angst als eine Nebenwirkung der Freiheit und des freien Willens, die ich in Christus habe, zu verstehen.

Sehen wir es doch einmal so: Wenn wir nicht die Freiheit oder den freien Willen hätten, uns für Christus zu entscheiden (was bedeuten würde, dass jeder unserer Schritte vorherbestimmt wäre), dann gäbe es keine Sorgen mehr, oder? Es scheint, dass die einzige garantierte Möglichkeit, die Angst endgültig aus unserem Leben zu verbannen, darin bestünde, dass unser Schöpfer uns die Fähigkeit nähme,

Entscheidungen zu treffen, und uns so ohne jedes Mitspracherecht in unserem eigenen Leben ließe. Auch wenn wir dafür den Preis der Angst zahlen müssen – ich genieße mein Geschenk des freien Willens.

Lernen wir also, unseren Instinkt, alles im Leben kontrollieren zu wollen, abzulegen und stattdessen unser volles Vertrauen in Gott zu setzen. Er ist die Wahrheit, die sich nie ändert, und er ist derjenige, der die wahre Kontrolle hat. Gott wacht mit seiner Liebe und Fürsorge über uns und er will das Beste für uns.

---

*Ich werde nie in der Lage sein,
alle meine Lebensumstände zu kontrollieren.
Aber ich kann mich dafür entscheiden,
beständig danach zu streben, Christus ähnlich
zu werden. Denn das ist eine Entscheidung,
die in meiner Hand liegt.*

Impuls für dein Tagebuch

In welchem Bereich deines Lebens versuchst du, alles zu bestimmen und zu kontrollieren? Ist es dir gelungen, die gewünschten Ergebnisse zu erzielen, indem du die Kontrolle beibehalten hast? Welche Auswirkungen könnte es auf deine Angst haben, wenn du etwas von dieser Kontrolle aufgeben würdest?

Gebet

Herr, schenke uns die Gewissheit, dass selbst wenn wir keinen Sinn in den Dingen sehen, die wir erleben, du deine Geschichte mit uns schreibst. Hilf uns, die Kontrolle an dich abzugeben, denn wo du bist, da ist Freiheit. Amen.

Einheit 5

MENSCHLICHE STRESSREAKTION

Fürchte dich nicht, denn ich bin bei dir. Sieh dich nicht ängstlich nach Hilfe um, denn ich bin dein Gott: Meine Entscheidung für dich steht fest, ich helfe dir. Ich unterstütze dich, indem ich mit meiner siegreichen Hand Gerechtigkeit übe.
Jesaja 41,10

Wenn ich auf meinen Kalender schaue, fühle ich mich manchmal überfordert. Vom Fußballtraining und Schulaktivitäten der Kinder über den Start eines wichtigen Projektes bei der Arbeit bis hin zu einer Reihe von Arztterminen – mein Leben ist vollgepackt. All diese Dinge sind auf ihre eigene Weise wichtig. Nichts davon lässt sich wirklich ausklammern oder ignorieren, und ich frage mich, wie ich das alles unter einen Hut bringen und mit Bravour bewältigen soll. Dann fängt mein Herz an zu flattern, und ich weiß, was das bedeutet: Meine Ängste schleichen sich an.

Ich bin schon unzählige Male in dieser Situation gewesen. Meine Angst belügt mich und versucht mir einzureden, dass ich nie alles schaffen werde, dass ich mich total verzettele und dass ich als Superfrau versage. Diese Gedanken sind mir sehr vertraut und ich kämpfe jeden Tag mit meiner von Angst bestimmten Vorstellungskraft. Obwohl ich weiß, dass ich nicht wirklich in Lebensgefahr schwebe, scheint mein Körper zu glauben, dass die Welt untergeht. Mein Herz rast. Mein Nacken wird steif, meine Hände beginnen zu zittern.

Obwohl ich genau weiß, was ich tun muss, um meine Angst in ihre Schranken zu weisen, frage ich mich, warum sie dann manchmal so verdammt schwer zu kontrollieren ist. Die Antwort lautet: Es liegt an unserer natürlichen Stressreaktion.

Unsere Stressreaktion ist eine angeborene, instinktive Reaktion, die als lebensrettendes Instrument gedacht ist. Sie ist Teil unseres sympathischen Nervensystems, einer Reihe von automatischen Reaktionen auf Situationen, in denen wir uns unsicher fühlen. Vielleicht hast du schon einmal von dieser Trias der Stressreaktionen gehört: Kampf, Flucht oder Erstarren. Diese Verhaltensweisen sind eine systematische Kaskade von Reaktionen, die uns von unserem Schöpfer mitgegeben wurden.

Unsere Stressreaktion setzt ein, unser Adrenalin beginnt zu pumpen, unsere Herzfrequenz steigt und alle unsere inneren Systeme arbeiten auf ein einziges Ziel hin: überleben. Unser sympathisches Nervensystem ist unglaublich geschickt darin, uns in lebensbedrohlichen Situationen am Leben zu erhalten. Der Haken ist jedoch, dass unsere Stressreaktion nur schwer zwischen einem akuten körperlich lebensbedrohlichen Stressor und einem nicht lebensbedrohlichen Stressor unterscheiden kann.

Wir müssen nicht täglich um unser Leben kämpfen wie die Menschen in der Steinzeit. Stattdessen müssen wir uns mit nicht lebensbedrohlichen Stressoren wie Finanzen, Beziehungen und einer ungewissen Zukunft auseinandersetzen.

Dennoch lösen unsere modernen Sorgen genau die gleiche Ausschüttung von Stresshormonen aus wie die lebensbedrohlichen Stressoren. Deshalb ist es auch so schwierig, die Stressreaktion zu kontrollieren, die uns angeboren ist. Unser Körper und unsere Gefühle sagen uns, dass wir bei einem Stapel überfälliger Rechnungen und einem bereits überzogenen Bankkonto genauso in Gefahr sind, als würden wir vor einem Säbelzahntiger davonrennen.

Was können wir tun, wenn unser Körper versucht, unseren Verstand zu kapern? Am besten fangen wir mit einem Gebet an. Denn das Gebet steht uns immer und überall zur Verfügung. Es ist unsere persönliche Krisenhotline. Manche Menschen finden Entlastung, indem sie sich Eispackungen auf Hals oder Gesicht legen, Atemübungen machen oder Muskelentspannungstechniken anwenden, um die unangenehme Stressreaktion ihres Körpers zu bekämpfen. Und mit der Zeit und durch Übung können wir zu verstehen lernen, was unser Körper uns mitzuteilen versucht, ohne der Angst die Zügel zu überlassen.

Und wir müssen erkennen lernen, wann wir der Stressreaktion unseres Körpers vertrauen können. Genauso wie uns unsere ängstlichen Gedanken belügen können, kann uns auch unser Körper belügen. Wenn du das nächste Mal die Angst in den Griff zu kriegen versuchst (und glaube mir, es wird ein nächstes Mal geben), höre darauf, was dein Körper dir mitzuteilen versucht. Und dann nutze sowohl deine Weisheit als auch Gottes Wahrheit, um deinen nächsten Schritt zu planen.

Auf meine angeborene Stressreaktion
habe ich keinen Einfluss,
aber ich habe es in der Hand,
wie ich mit meiner Angst umgehe.

Impuls für dein Tagebuch

Was sind drei körperliche Symptome der Angst, die du bei dir wahrnimmst? Wie bist du in der Vergangenheit mit diesen Symptomen umgegangen? Welche neue Technik kannst du in Zukunft stattdessen ausprobieren?

Gebet

Lieber Vater, danke, dass du ein lebensrettendes System wie meine Stressreaktion geschaffen hast. Hilf mir zu lernen, meine Gefühle und körperlichen Symptome zu erkennen und zu unterscheiden, wann ich wirklich in Gefahr bin und wann nicht. Amen.

Einheit 6

INNERER MONOLOG

Aber ihr seid anders, denn ihr seid ein auserwähltes Volk. Ihr seid eine königliche Priesterschaft, Gottes heiliges Volk, sein persönliches Eigentum. So seid ihr ein lebendiges Beispiel für die Güte Gottes, denn er hat euch aus der Finsternis in sein wunderbares Licht gerufen.
1. Petrus 2,9-10

Eine meiner Lieblingspatientinnen, nennen wir sie Lara, leidet an einer Zwangsstörung. Diese ist eine Angststörung, bei der der Verstand der Betroffenen von angstvollen Gedanken völlig besetzt ist. Eine Person mit einer Zwangsstörung ist auf eine bestimmte Angst oder Sorge fixiert, und es ist unglaublich schwierig, das Gedankenkarussell zu stoppen. Und manchmal entwickeln Betroffene eine bestimmte Handlung oder ein Verhalten, um die Intensität ihrer Gedanken zu verringern. Dieser innere Kampf des Geistes kann überwältigend sein.

In Laras Fall überflutet ihre Zwangsstörung sie mit selbstabwertenden Gedanken. Sie hinterfragt ständig, was sie getan hat, und quält sich mit Selbstzweifeln und negativen Selbstgesprächen. Und damit sind wir beim heutigen Thema angelangt.

Die Weise, wie wir innerlich ständig mit uns selbst sprechen, der ständige Dialog, der zwischen unseren Ohren stattfindet, wird *Self-Talk* oder innerer Monolog genannt. Dieser innere Monolog kann positiv oder negativ sein. Wie wir mit uns selbst sprechen, ergibt sich in der Regel aus dem, was wir über uns selbst denken und glauben.

Demnach ist unser innerer Monolog ein Spiegelbild unseres Selbstwertgefühls, und er steht in direktem Zusammenhang damit, wie wir unser Leben führen. Jede Entscheidung, die wir treffen, ist die Folge davon, ob wir uns selbst für fähig oder unfähig, für vollwertig oder minderwertig, für wertvoll oder wertlos halten.

Woher nehmen wir diese Überzeugungen über uns selbst? Dafür gibt es viele Quellen. Eltern, Großeltern, Betreuerinnen, Ehepartner, Lehrer, Arbeitgeber, Kollegen und Instagram-Kommentare. Manche von uns sind mit äußeren Stimmen aufgewachsen, die negative und regelrecht schädliche Dinge in unser Leben hineingesprochen haben. Vielleicht hat jemand etwas zu dir gesagt, als du noch sehr klein warst, und dieser Kommentar hat dich dein ganzes Leben lang begleitet. Der Input, den wir in der Kindheit erhalten haben, kann zu unseren Ängsten als Erwachsene beitragen und er ist schwer abzuschütteln. Aber es ist auch nicht unmöglich.

Wir haben keinen Einfluss darauf, welche Stimmen wir hören und aus welcher Quelle sie kamen oder kommen. Aber wir können die Gedanken in unserem eigenen Kopf hinterfragen. Wir können uns fragen, ob wir eine Meinung vertreten, weil wir sie uns selbst gebildet haben, oder ob wir einfach wiederholen, was uns jemand gesagt hat.

Es liegt in unserer Verantwortung, unser Leben in jeder Hinsicht in die Hand zu nehmen und in allen Bereichen unseres Lebens angemessene Grenzen zu setzen – im Blick auf unsere Sinne, unser Herz, unseren Verstand und unsere Seele. Sprüche 4,23 fordert uns auf: „Vor allem aber behüte dein Herz, denn dein Herz beeinflusst dein ganzes Leben."

Wir dürfen nicht zulassen, dass die Lügen unserer Ängste lauter sprechen als unsere Identität in Christus. Das ist etwas, was ich meinen Patienten häufig vermittele: „Du bist nicht deine Diagnose. Deine Diagnose ist nicht deine Identität. Es besteht ein gewaltiger Unterschied zwischen ‚Ich fühle mich ängstlich' und ‚Ich bin ängstlich'."

Überlege doch mal kurz: Wer hat das Mikrofon in deinem Kopf in der Hand und spricht hinein? Ist es ein Vorgesetzter, ein Elternteil, ein Ehepartner, jemand, der dich missbraucht hat, oder dein innerer

Kritiker? Wenn es irgendjemand anderer ist als Gott, dann hörst du auf die falsche Person.

Die Bibel empfiehlt uns, unseren Geist und unsere Gedanken auf Gott zu richten, und das gilt auch für angstvolle Gedanken. Wir sollen unsere verzerrten Philosophien über uns selbst und unsere negativen Selbstgespräche unter die Lupe nehmen und sie danach formulieren, was Gott über unsere Identität sagt. Unser heutiger Bibelvers sagt uns, dass wir von unserem Erlöser erwählt sind, sozusagen handverlesen und geliebt. Und nicht nur das. Er beauftragt uns vielmehr dazu, in seinem Namen zu sprechen und ein lebendiges Zeugnis für unsere Heilung zu sein.

Die Bedeutung von positivem *Self-Talk* kann gar nicht hoch genug eingeschätzt werden. Fang deshalb heute noch an, freundlicher mit dir selbst zu reden. Glaube ein wenig mehr an dich selbst. Laufe nicht durch die Welt, um nach einer Bestätigung dafür zu suchen, dass deine schlechte Meinung von dir selbst berechtigt ist. Gib Gott das Mikrofon, damit er deine Selbstgespräche bestimmt! Er hat so viel mehr für uns bereit, wenn wir uns dazu entscheiden, unsere angstbesetzten Gedanken zu ignorieren, unsere negativen inneren Monologe umzukehren und auf ihn zu schauen.

Um meine angstbesetzten Gedanken zum Schweigen zu bringen, muss ich meinem inneren Kritiker kündigen und mich ganz und gar auf Wahrheiten konzentrieren, die von Gott kommen.

Impuls für dein Tagebuch

Was sind zwei Lügen über dich selbst, die du glaubst? Was ist/sind die Quelle(n) dieser Lügen? Wie haben diese Lügen zu deiner angstbesetzten Denkweise beigetragen?

Gebet

Gott, danke, dass du in meinem Herzen und in meiner Seele immer gegenwärtig bist, auch wenn ich dich nicht spüre. Hilf mir, dich konsequent in meine Gedanken einzubeziehen, angstbesetzte und negative Selbstgespräche zu beenden und zu lernen, auf die beste Weise über mich selbst zu denken, die es gibt: so, wie du über mich denkst. Amen.

Einheit 7

DANKBARKEIT

Daniel wusste, dass dieses Gesetz vom König erlassen worden war. Er ging in das obere Stockwerk seines Hauses, wo er die Fenster, die nach Jerusalem zeigten, immer geöffnet hielt. Trotz des Verbotes kniete er sich nieder, dankte und lobte Gott und flehte ihn an, wie er es auch sonst dreimal täglich machte.
Daniel 6,11

Ich habe einen langen Weg zu meinem Arbeitsplatz. An einem guten Tag brauche ich etwa fünfunddreißig Minuten, an einem schlechten mehr als eine Stunde. Wenn der Verkehr dicht ist und ich weiß, dass ich zu spät zur Arbeit kommen werde, ist das für mich eines der schrecklichsten Gefühle und mir wird eng um die Brust. Ich hasse es, zu spät zur Arbeit zu kommen, denn es gibt keine Hintertür, durch die ich mich unbemerkt schleichen könnte. Also muss ich direkt durch den Empfangsbereich gehen, vorbei an den Patienten, die auf mich warten. Ich stelle mir dann immer vor, was meine Kollegen und meine Patienten von mir denken. Wahrscheinlich fragen sie sich, wie ich ihnen Ratschläge für ihr Leben geben kann, wenn ich nicht mal mein eigenes Leben in den Griff bekomme.

Damit setzt meine Angst ein – vor allem meine soziale Angst, also die Art von Angst, bei der ich mir der Möglichkeit bewusst bin, dass andere Menschen mich beobachten und dass ich etwas sagen oder tun könnte, was sie dazu veranlassen würde, weniger von mir zu halten. Meine Angst sagt mir: Wenn ich zu spät zum morgendlichen Teammeeting komme, drehen sich alle Köpfe der Kolleginnen, die pünktlich da waren, nach mir um und starren mich missbilligend an. Und das verstärkt dann mein ohnehin allgegenwärtiges Hochstaplersyndrom noch mehr.

Dann sagt mir meine Angst: Wenn ich meinen Tag zu spät beginne, werde ich die Praxis zu spät verlassen, was bedeutet, ich werde zu spät kommen, um meine Tochter vom Bus abzuholen, und damit beginnt schließlich der nicht enden wollende selbstkritische Dialog in meinem Kopf darüber, dass ich es nie schaffen werde, eine gute Mutter und gleichzeitig beruflich erfolgreich zu sein. Siehst du, wie meine Ängste Amok laufen können? All diese negativen Gedanken nur deswegen, weil es am Morgen einen kleinen Stau gab.

Natürlich ist mein Zuspätkommen zur Arbeit keine Krise, die mit der vergleichbar wäre, von der wir im heutigen Vers aus dem Buch Daniel lesen. Daniel erhält die Nachricht, dass sein Leben in Gefahr ist, denn er lebte in einer Zeit, in der ein neues Gesetz erlassen wurde, das seine Religion direkt verbot. Und sollte er seinen geistlichen Überzeugungen dennoch treu bleiben und entsprechend leben, würde er sein Leben riskieren.

Wie verhielt sich Daniel in dieser Zeit der persönlichen Krise? Er betete ausgiebig, und zwar mit Worten der Dankbarkeit und des Lobes. Daniel gibt uns damit ein großartiges Vorbild: Wenn wir von Ängsten überwältigt sind, können auch wir unsere übliche negative Gedankenspirale unterbrechen und mit Worten des Dankes oder des Lobpreises beten. Tatsächlich ist es sogar so, dass eine regelmäßige Praxis der Dankbarkeit physiologische Veränderungen in der Struktur unseres Gehirns bewirkt.[3] Dankbarkeit programmiert unser Gehirn buchstäblich zum Positiven um.

Verglichen mit Daniels Situation ist mein Verkehrsbeispiel banal. Der Verkehr ist einfach ein alltäglicher Stressfaktor, auf den ich keinen Einfluss habe, aber mithilfe von Dankbarkeit kann ich ihn minimieren. Wenn ich mich also in Situationen befinde, in denen meine ängstlichen Gedanken außer Kontrolle geraten, besteht eine meiner effektivsten Strategien darin, laut Dinge aufzuzählen, für die ich dankbar bin, und damit meinen ängstlichen Gedanken zu widersprechen.

Wenn ich im Stau stecke, sage ich zum Beispiel:

- Danke, Herr, dass ich heute genug Benzin in meinem Auto hatte, um zur Arbeit zu kommen.
- Ich danke dir, Herr, dass mein Auto heute ansprang.
- Danke, Herr, dass ich einen Beruf habe, der mir wirklich Spaß macht.
- Danke, Herr, für die Ausbildung, die es mir ermöglicht, dort zu arbeiten, wo ich jetzt bin.
- Danke, Herr, dass ich in einem Land lebe, in dem Frauen einen höheren Bildungsweg einschlagen können.
- Danke, Herr, dass ich am Ende eines hektischen Arbeitstages zu einer Familie zurückkehren kann, die ich liebe.

Und so geht es weiter. Diese Praxis der Dankbarkeit lenkt mich von meinen angstgetriebenen Vorstellungen ab und richtet meine Gedanken auf Gott aus. Und nachdem ich dies eine Weile gemacht habe, haben meine Angstgedanken ihre Macht über mich verloren. Sie sind vielleicht nicht ganz verschwunden, aber sie sind nicht mehr annähernd so quälend.

Wir müssen der Angst ihre Macht und Kontrolle über uns nehmen, indem wir die Angst mit Dankbarkeit unterbrechen. In einem Land, in dem Dankbarkeit herrscht, kann die Angst nicht überleben. Wenn Daniel, dem der Tod drohte, die Kraft hatte, sich bewusst auf die Dankbarkeit zu konzentrieren, dann kann ich das sicher auch tun, wenn ich im Stau stehe. Lernen wir also, unsere angstbestimmten Gedanken umzuleiten, neu auszurichten und neu zu fokussieren, indem wir ihnen Dankbarkeit entgegensetzen.

Eine konsequente Praxis der Dankbarkeit wird meine Ängste lindern und mich auf die Wahrnehmung positiver Dinge umprogrammieren.

Impuls für dein Tagebuch

Was ist einer der häufigsten Stressfaktoren in deinem Alltag? Wofür bist du heute dankbar? Womit kannst du dich im Laufe des Tages visuell daran erinnern lassen, dankbar zu sein?

Gebet

Ich danke dir, Gott, für deinen Schutz und alles Gute, das du mir schenkst. Halte mich fest; bitte lass nicht zu, dass ich mich in all den Fragen und Anforderungen des Tages verliere. Manchmal wird mir einfach alles zu viel. Hilf mir, in allem etwas Gutes zu sehen, denn du hast alles gut gemacht. Amen.

Einheit 8

BESCHENKT UND GESTRESST

Jesus stand auf und drohte dem Wind und den stürmischen Wellen. Plötzlich legte sich der Sturm, und alles war still! Und er fragte sie: „Wo ist euer Glaube?" Voll Furcht und Staunen sagten sie zueinander: „Wer ist dieser Mann, dass ihm sogar Wind und Wellen gehorchen?"
Lukas 8,24-25

Veranlasst durch meine großartige Vorstellung, am laufenden Band selbst gestrickte Pullover zu produzieren, stand ich in einem Handarbeitsgeschäft in der Kassenschlange und hatte die Arme voller Wolle, die grade runtergesetzt war. (Bis jetzt hat sich diese Vorstellung jedoch leider noch nicht erfüllt.) Jedenfalls schien die temperamentvolle, fröhliche Kassiererin die wachsende Schlange, die Ungeduld der Kunden und die viel zu warme Temperatur im Laden überhaupt nicht zu bemerken.

Als ich endlich mit dem Bezahlen an der Reihe war, fragte ich sie, wie es ihr gehe.

Woraufhin sie energisch antwortete: „Ach, wissen Sie, ich bin einfach zu beschenkt, um gestresst zu sein."

Ich lächelte und nickte zustimmend, sammelte meine Taschen ein und sie wandte sich dem nächsten Kunden zu. Während ich zum Parkplatz ging, dachte ich immer wieder über diesen Satz nach: *Ich bin zu beschenkt, um gestresst zu sein.* Und je mehr ich darüber nachdachte, desto mehr wurde mir klar, dass ich ihn nicht mochte.

Ich erkenne zwar an, was hinter diesem Satz steckt – konzentriere dich auf das Positive, mach dir keine Sorgen, sei immer dankbar –, aber implizit besagt er auch, dass man sich zwischen Glück und Stress entscheiden muss, als ob man nur das eine oder das andere empfinden darf, aber nicht beides und schon gar nicht gleichzeitig. Diese Aufforderung, sich für das eine oder andere Gefühl zu entscheiden, weil sie vielleicht widersprüchlich erscheinen, finde ich nicht gut. Denn es ist durchaus möglich, beides gleichzeitig zu erleben, und zwar auf eine gültige Weise.

Nehmen wir einmal das Beispiel des Elternwerdens. Wenn du selbst Kinder hast, kannst du dich vielleicht an die widersprüchlichen Gefühle erinnern, die du empfunden hast, als du das Krankenhaus mit einem ganz neuen jungen Leben, das dir anvertraut wurde, verlassen hast. Wahrscheinlich warst du überglücklich, aber zugleich auch voller Fragen und Sorgen angesichts der Verantwortung, der Ungewissheit und der Zukunft. Bedeutet die Freude, die du empfunden hast, dass deine Angst nicht berechtigt war? Nein, natürlich nicht. Du hast beide Gefühlslagen gleichermaßen und gleichzeitig empfunden und beide Gefühle waren der Situation angemessen.

Stell dir einmal Folgendes vor: Du freust dich auf einen entspannten Samstagnachmittag am See mit Freunden. Und eine Freundin fragt: „Darf ich noch einen Bekannten einladen? Er promoviert gerade in Theologie und er hat immer höchst interessante Ideen."

Sagen wir, für dich hört sich das gut an, weil du gerne von Menschen lernst, die das Potenzial haben, interessante Gespräche zu führen, und das noch dazu in einem entspannten Ambiente mit Sonne und Wasser und Strand. Aber aus der schönen Vorstellung wird nichts, weil plötzlich ein Sturm aufzieht, als du gerade mitten auf dem See bist. Du bist nicht gerade die beste Schwimmerin und sofort packt dich die Angst. Doch dann lässt der begabte Lehrer mit ein paar Worten und einer Handbewegung auf übernatürliche Weise Regen, Wind und Donner verstummen und beruhigt das Wasser. Dein Herz klopft noch immer wie wild, weil du gerade noch in Lebensgefahr warst, aber die Gefahr ist nun vorbei.

Das ist die Situation, in der sich die Jünger befanden, von der wir in den Bibelversen dieser Einheit gelesen haben. Ein harmloser Ausflug auf dem See wird lebensgefährlich und dann ist die Gefahr schnell wieder vorbei. Es scheint, dass die Jünger gleichzeitig voller Furcht und voller Erstaunen waren.

Voller Furcht angesichts der Situation (tosender, beängstigender Sturm) und voller Erstaunen über das, was geschah (wie Jesus das Chaos bändigte). Ich kann mir vorstellen, wie sich die Jünger gefühlt haben müssen. Wie hättest du dich gefühlt? Voller Staunen und voller Furcht? Zwei scheinbar widersprüchliche Gefühle, die in deinem Herzen miteinander darum ringen, welches sich durchsetzen wird. Ich kann mir vorstellen, wie sich das angefühlt haben muss, denn mir geht es an den meisten Tagen auch so.

Es ist möglich, gleichzeitig Dankbarkeit und Angst zu empfinden. Wir müssen uns nicht zwischen dem einen oder dem anderen entscheiden. Es geht nicht um ein Entweder-oder, sondern um ein Sowohl-als-auch. Es ist möglich, zwei scheinbar gegensätzliche Gefühle zu empfinden. Mehr noch, es ist in Ordnung, konträre Gefühle gleichzeitig zu empfinden.

Gott sieht uns und kennt uns, weil er uns geschaffen hat. Er hat uns als komplexe menschliche Wesen mit einem ungemein komplizierten Netzwerk von Gefühlen geschaffen, sodass wir sogar mehrere Gefühle gleichzeitig empfinden können. Nein, er erwartet nicht von uns, dass wir uns zwischen ihnen entscheiden. Sein Ziel ist es vielmehr, dass wir alle unsere Emotionen erleben, ihnen aufmerksam zuhören und dann mit diesen Emotionen auf gesunde Weise umgehen.

Ich kann mich gleichzeitig beschenkt und gestresst fühlen, weil meine Gefühle nicht den Vorrang vor meinem Glauben an Christus haben.

Impuls für dein Tagebuch

Welche zwei (oder mehr) Emotionen empfindest du gelegentlich gleichzeitig, die scheinbar im Widerspruch zueinander stehen? Erzeugt dieser Konflikt in dir ein schlechtes Gewissen? Wie kannst du in Zukunft mit einer solchen Gefühlslage umgehen? Wie kannst du anfangen zu erkennen, dass alle deine Gefühle berechtigt sind?

Gebet

Lieber Vater, danke, dass du uns Menschen so geschaffen hast, dass wir eine Reihe von Emotionen erleben und diese oft gleichzeitig empfinden. Hilf mir, all diese Gefühle wahrzunehmen und gut damit umzugehen. Und wo meine Gefühle sich selbstständig machen wollen, lass sie dazu dienen, mich näher zu dir zu bringen. Amen.

Einheit 9

INPUT

Konzentriert euch auf das, was wahr und anständig und gerecht ist. Denkt über das nach, was rein und liebenswert und bewunderungswürdig ist, über Dinge, die Auszeichnung und Lob verdienen.
Philipper 4,8

Als ich noch nicht erwachsen war, achtete meine Mutter sehr darauf, welche Filme ich mir ansah und welche Bücher ich las. Sie hielt mich davon ab, Inhalte zu konsumieren, die in irgendeiner Hinsicht fragwürdig waren. Natürlich frustrierte sie mich damals mit diesen strengen Regeln. Meine Freundinnen redeten über ihre Lieblingssendungen, und ich fühlte mich wie eine Außenseiterin, weil ich diese Sendung nicht sehen durfte. Ich versuchte zu verhandeln, aber meine Mutter blieb hart. Sie sagte immer: „Wo Müll reingeht, kommt auch Müll raus."

Meine Mutter war der Meinung, dass das, was ich mir vor Augen halte, einen direkten Einfluss darauf hat, was in meinem Kopf vor sich geht. Sie verstand, dass mein Input – sei es in Form von Medien, Fotos, Filmen oder dem unguten Verhalten oder der Sprache von Gleichaltrigen – meine Gedanken, meine Interpretation der Welt und mein Selbstvertrauen beeinflussen würde.

Dieses Konzept galt für mich schon als Kind, aber jetzt, als Erwachsene, die täglich mit Ängsten zu kämpfen hat, gilt es umso mehr. Sobald sich angstbestimmte Gedanken einschleichen, erinnere ich mich daran, meinen Input zu überprüfen. Denn wenn ich

Angst empfinde, ist es gut möglich, dass ich im Blick auf das, was ich mir zu lesen, anzusehen oder anzuhören erlaube, träge oder nachlässig geworden bin. Deshalb habe ich mir vorgenommen, sorgfältig zu prüfen, was ich an Sinneswahrnehmungen an mich heranlasse. Wo Müll reingeht, kommt auch Müll raus.

In dem Vers dieser Einheit aus dem Philipperbrief lesen wir eine lange Liste von Adjektiven: wahr, anständig, gerecht, rein, liebenswert, bewunderungswürdig, was Auszeichnung und Lob verdient. Diese Worte sollten auch auf all das zutreffen können, womit wir unsere Sinne füllen.

Wenn ich meine Gedanken und meine Vorstellungskraft mit irgendetwas fülle, auf das diese Begriffe nicht zutreffen, muss es verschwinden. Deshalb frage ich mich häufig: Welchen Dingen gebe ich über meine Augen und meine Ohren Zutritt zu meinen Gedanken? Fülle ich meine Sinne mit positiven Einflüssen und mit heilsamen Dingen? Lasse ich meinen Kopf mit dem Wort Gottes und seinen Verheißungen füllen, oder verbringe ich zu viel Zeit damit, in den sozialen Medien herumzuklicken und negative Nachrichten aufzusaugen?

Liebe Freunde, die sozialen Medien können ein sehr gefährliches Terrain sein. Versteht mich nicht falsch, ich möchte soziale Medien nicht generell verteufeln, denn es kann gut sein, dass du durch sie von diesem Buch erfahren hast. Theoretisch können die sozialen Medien für das Gute genutzt werden, aber in den meisten Fällen nutzen die Menschen sie, um sich selbst groß rauszubringen, negative Meinungen zu verbreiten, oder (das trifft besonders auf mich zu) wir tappen in die Vergleichsfalle. Und wir wissen doch alle, dass das Vergleichen der Dieb der Freude ist, nicht wahr?

Genau besehen sind soziale Medien wie Feuer. Sachgemäß genutzt, kann es einem eine warme Mahlzeit bescheren; leichtsinnig eingesetzt, kann es das Haus niederbrennen.

Was empfindest du, wenn du Zeit mit dem Wort Gottes oder in der Gesellschaft von aufmerksamen Freunden verbracht hast? Frieden? Liebe? Akzeptanz? Geborgenheit? Wenn ich in der Bibel gelesen habe, stelle ich mir manchmal Fragen, aber ich fühle mich nie so entmutigt, niedergeschlagen, unsicher oder unzulänglich wie nach einer Stunde in den sozialen Medien.

Kennst du auch diese Instagram-Posts einer perfekten Mutter mit ihren vier Töchtern, alle mit ordentlich geflochtenen dicken Zöpfen, in den gleichen geblümten Kleidern, in ihrem scheinbar perfekten, sauberen, gut eingerichteten Haus? Durch solche Posts fühle ich mich noch ängstlicher und unzulänglicher.

Und da sind die immer gleichen negativen Nachrichten, in denen ständig der Untergang unseres Landes und seiner Werte vorhergesagt wird. Solche Geschichten verstärken meine Ängste, weil sie permanent Katastrophenszenarien in mir wachrufen. Diese Art von Input führt dazu, dass wir uns verängstigt, furchtsam, kritisiert, unsicher, minderwertig und kaputt fühlen.

Wenn ich negative Einflüsse in meinem Umfeld zulasse, werden meine Gedanken zwangsläufig negativ und verstärken meine Ängste. Wenn ich eine friedliche Umgebung kultiviere, in der ich meine Sinne – was ich höre, sehe, berühre – bewusst schütze, dann ist die Wahrscheinlichkeit geringer, dass meine Ängste getriggert werden.

Um mir in solchen Situationen zu helfen, kann ich zum Beispiel auch sogenannte Erdungstechniken anwenden, um meine Sinne gezielt zu *füttern*. Diese Erdung hilft mir, mich darauf zu konzentrieren, was ich grade wahrnehme.

Hier ist eine schnelle Erdungsübung, die ich häufig anwende:

Schließe zunächst die Augen und atme dreimal tief durch. Dann frage dich:

- Was sind 5 Dinge, die ich in diesem Moment sehen kann?
- Was sind 4 Dinge, die ich in diesem Moment fühlen kann?
- Was sind 3 Dinge, die ich in diesem Moment hören kann?
- Was sind 2 Dinge, die ich in diesem Moment riechen kann?
- Was ist 1 Ding, das ich in diesem Moment schmecken kann?

Wir haben es nicht immer in der Hand, wie unser Umfeld sich gestaltet, und manchmal schleicht sich Negativität in unser Leben ein, obwohl wir alles tun, um sie auszuschließen. Das heißt aber nicht, dass wir uns nicht trotzdem bemühen können, Raum für Positives zu schaffen. Paulus sagt uns im Philipperbrief, wie wichtig es ist, sich auf das Gute zu konzentrieren, um dem Schlechten keinen Platz zu lassen.

Vergiss also nicht: Konzentriere dich auf das, was positiv, gut und wahr ist. Achte bewusst darauf, deine Sinne mit Dingen zu füllen, die dich aufbauen und nicht runterziehen. Hör auf, deine Angst zu nähren, indem du die Quelle abschneidest, aus der sie sich speist. Die Welt füttert uns mit Lügen, aber die Bibel beschenkt uns mit der Wahrheit.

Ich werde die Kontrolle über meine Gedanken gewinnen, denn meine Gedanken erwachsen aus dem, womit ich mich füttere. Wenn ich meinen Input kontrolliere, werde ich auch meine Ängste in den Griff bekommen.

Impuls für dein Tagebuch

An manchen Tagen kann es sich so anfühlen, als hätten deine Emotionen alle Macht über dich und du wärest ihnen hilflos ausgeliefert. Welche Schritte kannst du unternehmen, um diese Vorstellung umzuformulieren und deine Sinne ganz gezielt mit Dingen zu füllen, die dir guttun?

Gebet

Gott, danke, dass du mich mit so vielen Sinnen geschaffen hast, durch die ich meine Welt wahrnehmen kann. Fülle meine Sinne mit deiner Güte, damit mein Herz mitten in allem, was mich beängstigt, im Frieden bleiben kann. Amen.

Einheit 10

GEDULD

Warum, Herr, bist du so weit weg? Warum verbirgst du dich, wenn wir dich am nötigsten brauchen? […] Die Hilflosen bestürmen dich mit ihren Bitten. Du, Herr, hörst ihr Rufen und schenkst ihnen neuen Mut.
Psalm 10,1.17 (Hfa)

Ich erinnere mich daran, dass ich schon in einem sehr frühen Alter mit Angstgefühlen zu kämpfen hatte. Ich hatte damals noch keinen Namen dafür, aber ich weiß noch genau, dass ich mich unbehaglich, unwohl, überfordert und ängstlich fühlte – Gefühle, die mir fremd waren und die ich nicht einordnen konnte. Abends hatte ich oft Magenschmerzen, meistens nach dem Essen. In der Schule hatte ich Kopfschmerzen und ich kaute an meinen Nägeln. Heute kaue ich nicht mehr auf meinen Nägeln, aber ich kaue auf den Innenseiten meiner Wangen und mein Zahnarzt könnte eine Menge dazu sagen. Je älter ich wurde, desto stärker wurde meine Angst, aber ich begann zu lernen, wie ich meine Erfahrungen in Worte fassen kann.

Mittlerweile bin ich siebenunddreißig Jahre alt, und immer noch erlebe ich Angstzustände. Manchmal mache ich mir deswegen Vorwürfe. Ich denke dann: *Also wirklich, Amanda, inzwischen solltest du doch darüber hinweg sein. Du solltest ein Beispiel für andere sein, wie man mit seinen eigenen Ängsten fertig wird.* Manchmal mache ich auch Gott für meine Gefühle verantwortlich und frage ihn, warum er mich noch nicht davon befreit hat und warum er sich so viel Zeit lässt.

Wie lange hast du schon mit Ängsten zu kämpfen und wie lange hast du in diesem Zusammenhang schon um Heilung gebetet? Und wie oft hast du Gott um Hilfe angefleht oder warst wütend auf ihn, weil er dich noch nicht von diesen Ängsten befreit hat? Hast du dich vielleicht übersehen, ignoriert oder vergessen gefühlt? Mir jedenfalls ging es so.

Wie der Psalmdichter David in dem Vers für dieses Kapitel fragst du dich vielleicht auch, warum Gott sich gerade in Zeiten der Not zu verbergen scheint. Ich habe keine endgültige Antwort darauf, warum einige Menschen jahrelang darauf warten, von ihren Ängsten geheilt zu werden, oder warum manche während ihres Lebens auf der Erde nie die Heilung finden, auf die sie hoffen, aber ich habe ein paar Ideen dazu.

So habe ich mich gefragt: Lässt Gott uns warten, weil wir wertvolle Lektionen lernen, während wir uns mit unseren Ängsten herumschlagen? Vielleicht lässt er uns warten, weil wir am Ende eine wunderbare Erfolgsgeschichte erleben werden, so wie die Frau, von der in Lukas 8 erzählt wird, über die wir an einem anderen Tag sprechen werden. Anstatt Gott zu fragen, warum wir mit Angst zu kämpfen haben, ist es produktiver zu fragen, was Gott uns dadurch zu lehren versucht.

Frage dich doch einmal, wie Gott diese Situation nutzen könnte, um deine Persönlichkeit, deinen Charakter und deine Resilienz weiterzuentwickeln. In der Bibel finden wir sehr häufig den Gedanken, dass Gott ein großes Interesse daran hat, unseren Charakter zu läutern. Jakobus 1,2-4 ist dafür ein perfektes Beispiel: „Liebe Brüder, wenn in schwierigen Situationen euer Glaube geprüft wird, dann freut euch darüber. Denn wenn ihr euch darin bewährt, wächst eure Geduld. Und durch die Geduld werdet ihr bis zum Ende durchhalten, denn dann wird euer Glaube zur vollen Reife gelangen und vollkommen sein und nichts wird euch fehlen."

Kommt das Glück vor der Stärke? Ich glaube nicht. Ich glaube, es ist genau umgekehrt. Glück steht an zweiter Stelle; es ist eine Folge für die Entwicklung von Ausdauer und Resilienz. Denn wenn wir unter Druck stehen, kann unser Verständnis dafür wachsen, wer und wie Gott ist. Angst ist für unseren Glauben das, was Gewichte für unsere Muskeln sind: Sie macht uns stärker. Daran werde ich jedes Mal erinnert, wenn ich diese Verse aus dem 2. Korintherbrief lese:

> *Von allen Seiten werden wir von Schwierigkeiten bedrängt, aber nicht erdrückt. Wir sind ratlos, aber wir verzweifeln nicht. Wir werden verfolgt, aber Gott lässt uns nie im Stich. Wir werden zu Boden geworfen, aber wir stehen wieder auf und machen weiter. Durch das Leiden erfahren wir am eigenen Leib ständig den Tod von Christus, damit auch sein Leben an unserem Körper sichtbar wird. Es ist wahr: Weil wir Jesus dienen, leben wir in ständiger Todesgefahr, damit sein Leben an unserem sterblichen Körper sichtbar wird. So leben wir im Angesicht des Todes, und das hat euch das Leben gebracht.* (2. Korinther 4,8-12)

Ich möchte glauben, dass Gottes Weg der beste ist. Er hat mehr für uns geplant, als wir uns jemals für uns selbst erträumen könnten. Mit seiner Hilfe werden wir aus unserem Tal herauskommen, selbst wenn die Angst schwer auf uns liegt und uns erschöpft, und sogar wenn wir das Gefühl haben, dass wir schon ewig auf eine Änderung warten. Worauf es ankommt, ist, dass wir weitergehen – auf ihn zu. Unsere Richtung ist wichtiger als unsere Geschwindigkeit. Bleiben wir geduldig. Jeder einzelne Herzschlag, den wir spüren, sagt: „Ich bin eine Überlebende."

Die Zeit des Wartens
ist keine vergeudete Zeit.

Impuls für dein Tagebuch

Manchmal haben wir das Gefühl, dass unser Kampf mit der Angst ewig dauern wird und dass Gott mich nicht hört. Was kannst du gerade in solchen Zeiten tun, um dich in Richtung Heilung zu bewegen?

Gebet

Lieber Vater, ich danke dir für das Geschenk des Wartens. Hilf mir zu erkennen, dass dies wirklich ein Geschenk ist und dass du gute und heilsame Pläne für mich hast. Hilf mir, gegen meinen Unglauben anzukämpfen, und schenke mir, dass meine Seele und mein Herz sich nur mit dir beschäftigen. Amen.

ZWISCHENBILANZ NR. 1

Herr, wenn ich dich lobe und anrufe,
dann werde ich vor meinen Feinden gerettet.
Die Ketten des Todes umschlangen mich,
die Fluten der Zerstörung gingen über mich hinweg.
Das Totenreich öffnete sich schon vor mir,
der Tod selbst starrte mir ins Gesicht.
Doch in meiner Not betete ich zum Herrn
und schrie zu meinem Gott um Hilfe.
Da erhörte er mich in seinem Heiligtum,
mein Schreien drang durch bis an sein Ohr.
Psalm 18,4-7

Anhand der folgenden Fragen kannst du eine Zwischenbilanz über die ersten Erfahrungen mit diesem Andachtsbuch vornehmen. Vielleicht möchtest du deine Antworten in deinem Tagebuch festhalten.

- Welche drei Gedanken oder Ideen aus den ersten zehn Einheiten haben dich am stärksten beeindruckt oder beeinflusst?
- Was sagt Gott dir darüber, wie du mit deiner Angst zurechtkommst?
- Ausgehend von der Antwort auf die vorige Frage – wie kannst du deinen Umgang mit deinen Ängsten verbessern?

Einheit 11

IDENTITÄT

Er hat euch aus der Finsternis in sein wunderbares Licht gerufen, damit ihr verkündigt, wie unübertrefflich er ist.
1. Petrus 2,9 (NeÜ)

Die Angst belügt mich jeden Tag. Manchmal lügt sie über meine Lebensumstände und darüber, wie sich meine nahe oder ferne Zukunft gestalten wird. Meistens sind es Lügen über mich selbst – dass ich nicht gut genug bin, nicht ausreichend tue oder in irgendeiner Weise unzulänglich bin. Ich fürchte auch oft, dass ich ausgeraubt werde, wenn ich meine Autotüren nicht sofort nach dem Einsteigen abschließe; dass mein Kind, das mir fünf Dollar aus der Tasche genommen hat, ohne zu fragen, mit Sicherheit auf die schiefe Bahn gerät; dass meine introvertierte Art im Vergleich zu geselligeren Personen weniger wertvoll für die Gesellschaft ist; dass meine Körpergröße mich weniger weiblich macht; dass mein Mann von mir gelangweilt sein wird, weil mein Haar dünner, meine Taille dicker und meine Augenlider faltiger werden.

Die Stimmen der Welt und das Wirrwarr meines ängstlichen Verstandes sind manchmal so laut, dass sie den Rat Gottes übertönen, der stets geduldig und sanft ist. Wie viele unserer Ängste sind darauf zurückzuführen, dass wir unsere Identität missverstehen oder vergessen haben? Es hat sich herausgestellt, dass zumindest bei mir ein großer Teil meiner Ängste auf Identitätsverwirrung zurückzuführen ist.

Ich mache so viel falsch, wenn ich mir von der Angst sagen lasse, wer ich bin, und dadurch meine wahre Identität vergesse – wenn ich vergesse, dass ich ein geliebtes Kind Gottes bin. Wir wissen aus der Bibel, dass Gott uns berufen und geschaffen hat, und ich weigere mich zu glauben, dass er ein Schöpfer ist, der Schrott erschafft. Der diesem Kapitel voranstehende Bibelvers sagt uns, dass wir von Gott für eine höhere Berufung auserwählt sind; wir haben das Potenzial, uns von Ablehnung zu Annahme zu entwickeln.

Angst ist ein Lügner, besonders wenn es darum geht, dass wir verstehen, wer wir sind. Die Angst sagt uns, dass wir unseren Wert unter Beweis stellen müssen. Jesus sagt uns, wir sollen einfach Gott und andere lieben. Die Angst sagt uns, wir wären nicht gut genug. Jesus sagt uns, dass wir ohne ihn nicht gut genug sind, aber er schenkt sich uns aus freien Stücken mit vollkommener Liebe und Gnade. Die Angst vieler Menschen (mich eingeschlossen) erwächst aus der Vorstellung, dass wir versagen oder einem perfektionistischen Ideal nicht gerecht werden, das im wirklichen Leben gar nicht existiert. Wir müssen uns vielmehr daran erinnern, was Gott darüber sagt, wer wir sind: geliebte, wertgeschätzte und wertvolle Menschen. Er kennt sich mit unseren Herzen aus, und wir können ihm vertrauen, dass er die Wahrheit sagt.

Was sagt Gott darüber, wer du bist? Hier ist eine kurze Liste:

- geschaffen als sein Ebenbild (1. Mose 1,27)
- seine Tochter (Galater 3,26)
- heilig und untadelig (Epheser 1,4)
- auserwählt (Epheser 1,11)
- erlöst und vergeben (Epheser 1,7)
- eine Bürgerin des Himmels (Philipper 3,20)
- eine neue Schöpfung in Christus (2. Korinther 5,17)
- wunderbar gemacht (Psalm 139,14)
- geborgen unter Gottes Schutz (Johannes 10,28)
- angenommen (Römer 15,7)
- wertvoll (Matthäus 6,26)
- frei von jeder Verurteilung (Römer 8,1)
- eine Wohnstatt für Gottes Geist (1. Korinther 6,19)
- geliebt (1. Johannes 3,1)

Wenn die Angst bei dir anklopft, dann weise sie mit der Wahrheit zurück: Du bist für Gott eine Kostbarkeit; die Person, die Gott auserwählt, geliebt, erneuert und für ihn gewonnen hat. Wenn Gott, der uns sieht, wie wir sind, und der alle unsere Fehler kennt, sich dennoch entschließt, uns seine Gnade zu schenken, wie können wir sie dann nicht auch uns selbst gewähren?

Liebe Freunde, gewähren wir uns selbst das gleiche Mitgefühl, das Gott uns entgegenbringt. Erinnern wir uns täglich an unsere Identität in ihm. Mit der Zeit wird diese Übung das Gebrüll der Lügen und der Angst verstummen lassen.

Die Angst ist ein Lügner;
Christus ist die Wahrheit.

Impuls für dein Tagebuch

Was sind einige der Lügen, die deine Angst dich über dich selbst glauben lässt? Was sagt die Bibel dazu, wer du bist? Wie kannst du dein Denken so ändern, dass du dich auf die Wahrheit statt auf die Lügen konzentrierst?

Gebet

Gott, danke, dass du mich liebst und mich jeden Tag mit deiner Wahrheit umgibst. Du bist größer als alle meine Ängste. Hilf mir, dies zu begreifen und nie zu vergessen, dass ich völlig genüge, wenn ich mit dir verbunden bin. Amen.

Einheit 12

KLUGE ENTSCHEIDUNGEN TREFFEN

Ich halte es nicht mehr lange aus,
die ständigen Schmerzen zermürben mich.
Doch ich bekenne meine Sünden,
ich bereue, was ich getan habe.
Psalm 38,18-19

Ich lebe nun seit acht Jahren an der Schnittstelle zwischen Glauben und psychischer Gesundheit. Nachdem ich gelernt hatte, mit meinen Ängsten umzugehen, wollte ich alles in meiner Macht Stehende tun, um anderen auf ihrem Weg zur Genesung zu helfen. Das ist unter anderem das, wozu wir in der Nachfolge Jesu aufgerufen sind: Wenn wir etwas überstanden haben, sind wir dazu aufgefordert, anderen zur Seite zu stehen und ihnen zu helfen.

Und es zeigt sich, dass leider viele Menschen in den Gemeinden mit Depressionen und Angstzuständen zu kämpfen haben. Christen fühlen sich nicht immer frei, über ihre psychische Gesundheit zu sprechen, und so war ich wirklich begeistert, einer Gruppe von Menschen meine Stimme leihen zu dürfen, die ihre Ängste durch die Brille des Glaubens betrachten wollten.

Als ich dann anfing, häufiger über den Glauben und unsere psychische Gesundheit zu sprechen und Vorträge dazu zu halten, bemerkte ich schnell, dass mir die Leute immer wieder diese eine Frage stellten: Ist Angst eine Sünde? Das machte mich stutzig. Irgendwann musste den Anhängern Jesu beigebracht worden sein, dass Angst eine Sünde ist. (Sünde bedeutet eine absichtliche böse Handlung, die gegen das Beste verstößt, was Gott uns zugedacht hat, und uns so von Gott trennt.)

Diese Vorstellung, dass Angst eine Sünde ist, hat zu viel Scham und Schuldgefühlen bei Menschen geführt, die Gott ernsthaft lieben und suchen, aber auch einen schweren Kampf mit ihren Ängsten führen. Aufgrund dieser Vorstellung, Angst sei Sünde, haben dann leider auch viele Christen gezögert, Hilfe zu suchen, weil sie Verurteilung, Kritik, Beschämung und Schuldzuweisung fürchteten.

Die Frage, ob Angst eine Sünde ist, benennt ein Thema, das mir sehr am Herzen liegt. Da kann ich richtig leidenschaftlich werden. Die Beantwortung dieser Frage umfasst leider so manche Nuancen, die wir im Rahmen dieser Andachten nicht erörtern können, aber meine kurze Antwort auf diese Frage lautet: Nein, ich glaube nicht, dass Angst eine Sünde ist.

Ich persönlich kann mich nicht daran erinnern, jemals das Gebot gehört zu haben: „Du sollst keine Angst empfinden." Du etwa? Ich möchte allerdings, dass du verstehst, dass Angst eine Folge von Sünde sein kann, vor allem von schlechten Entscheidungen. Bitte, höre jetzt genau zu: Ich sage nicht, dass du schuld an deiner Angst bist.

Angst ist ein biologischer Prozess, der uns von Geburt an begleitet und von Gott zu einem bestimmten Zweck in uns angelegt wurde. (Weißt du noch, was wir in Einheit 3 gelernt haben?) Was ich aber sage, ist, dass wir das Ausmaß unserer Angst oder die Wahrscheinlichkeit, sie zu erleben, verringern können, indem wir gute Entscheidungen treffen.

Der freie Wille, so kostbar er ist, hat auch das Potenzial, uns in jede Menge Schwierigkeiten zu bringen. Kluge Entscheidungen – wenn es darum geht, wie wir Geld ausgeben, wie wir uns verhalten, wie wir Beziehungen wählen, wie wir Grenzen setzen und wie wir unsere Zeit nutzen – können uns jedoch viel Kummer und Angst ersparen.

Wie aber können wir bessere Entscheidungen treffen? Indem wir uns mit Menschen umgeben, die gute Entscheidungen treffen (Sprüche 13,20), indem wir uns von vertrauenswürdigen Quellen beraten lassen (Sprüche 15,22) und indem wir Gott um Weisheit bitten (Jakobus 1,5).

Wer sich mit den Weisen trifft, wird weise;
wer sich mit den Narren einlässt, wird sich selbst schaden.
(Sprüche 13,20)

Ohne guten Rat scheitern die meisten Pläne;
viele Ratgeber aber garantieren den Erfolg.
(Sprüche 15,22)

Wenn jemand unter euch Weisheit braucht,
weil er wissen will, wie er nach Gottes Willen handeln soll,
dann kann er Gott einfach darum bitten. Und Gott,
der gerne hilft, wird ihm bestimmt antworten,
ohne ihm Vorwürfe zu machen. (Jakobus 1,5)

Wir haben außerdem die Zusicherung, dass Christus uns niemals aufgeben wird, ganz gleich, welche schlechten Entscheidungen wir getroffen haben:

Ich bin überzeugt: Nichts kann uns von seiner Liebe trennen. Weder Tod noch Leben, weder Engel noch Mächte, weder unsere Ängste in der Gegenwart noch unsere Sorgen um die Zukunft, ja nicht einmal die Mächte der Hölle können uns von der Liebe Gottes trennen. Und wären wir hoch über dem Himmel oder befänden uns in den tiefsten Tiefen des Ozeans, nichts und niemand in der ganzen Schöpfung kann uns von der Liebe Gottes trennen, die in Christus Jesus, unserem Herrn, erschienen ist. (Römer 8,38-39)

Gott kennt uns durch und durch, mit all unseren Fehlern und Schwächen, und doch will er uns für sich gewinnen. Nichts, was wir getan haben oder tun werden, kann uns von ihm trennen. Er lässt uns jeden Tag von Neuem wieder aufstehen. Und möchtest du noch eine gute Nachricht hören? Es ist nie zu spät, bessere Entscheidungen zu treffen.

Kluge Entscheidungen helfen,
Ängste zu minimieren und zu vermeiden.

Impuls für dein Tagebuch

Welche schlechte Entscheidung hast du in der Vergangenheit getroffen, die du jetzt bereust und heute Ängste auslöst? Was war der Fehler bei dieser Entscheidung? Wie kannst du in Zukunft bessere Entscheidungen treffen? Wer sind die vertrauten Menschen in deinem Leben, an die du dich wenden kannst, damit sie dir helfen, bessere Entscheidungen zu treffen?

Gebet

Vater, danke, dass du mich festhältst und liebst, auch wenn ich Fehler mache oder schlechte Entscheidungen treffe. Danke für deine Gnade, die kein Maß kennt. Hilf mir, dich immer zuerst zu suchen, wenn ich vor einer schwierigen Situation stehe. Ich brauche deine Führung, um die richtigen Entscheidungen zu treffen, damit mein Herz und mein Geist im Frieden sind. Ich möchte bei dir sein. Amen.

Einheit 13

WORTE DER ERMUTIGUNG

Sorgen drücken einen Menschen nieder;
ein gutes Wort aber muntert einen Menschen auf.
Sprüche 12,25

Nichts begeistert mich mehr, als wenn ich miterleben darf, wie sich bei meinen Patienten eine Lebensveränderung vollzieht. Ich arbeite mit wunderbaren Menschen, die sich entwickeln, sich verändern und hart an sich arbeiten, um Gesundheit und Wohlbefinden zu erreichen. Die Unerschrockenheit des menschlichen Geistes verblüfft mich jeden Tag aufs Neue, und ich bin ebenso privilegiert wie dankbar, dass ich einen Platz in der ersten Reihe habe, um das alles mitzuerleben. Ich liebe meinen Beruf und weiß, dass meine therapeutische Arbeit genau das ist, wozu Gott mich geschaffen hat.

Meine Arbeit kann aber auch anstrengend sein. Ich führe schwierige, aber notwendige Gespräche, in denen ich Menschen mit ihren ungesunden Verhaltensmustern oder Entscheidungen und unangemessenen Erwartungen konfrontiere. Auf meinem langen Heimweg von der Arbeit lasse ich in der Regel jedes Gespräch, jede Interaktion und jede E-Mail noch einmal Revue passieren. Ich kritisiere und hinterfrage mich selbst, mache mir Gedanken darüber, ob ich vielleicht etwas Entscheidendes übersehen habe, oder überlege, wie ich einen Hinweis besser hätte formulieren können. Ich denke auch darüber nach, wie ungerecht das Leben für einige meiner Patienten ist. Kein Wunder, dass ich an Wochentagen nicht immer in bester Stimmung bin, wenn ich zu Hause meine Haustür hinter mir schließe.

Kommst du manchmal am Ende eines Arbeitstages in einem ähnlichen Zustand nach Hause? Fühlst du dich schwer und belastet? Wenn das passiert, weiß ich, dass ich nicht die beste Version meiner selbst bin. Ich bin definitiv nicht die Person, die ich für meine Familie sein möchte. Meistens verschwinden diese Gefühle, wenn ich meinen Mann Joseph sehe. Mehr als jeder andere Mensch in meinem Leben ist er eine Ermutigung für mich. Ein kurzer, sanfter Kuss auf die Wange, ein Lächeln und ein einfaches „Hey Schatz, ich habe dich heute vermisst" von ihm sind manchmal alles, was ich brauche, damit mein Herz zur Ruhe kommt, meine Angst sich auflöst und meine Unsicherheiten sich verflüchtigen.

Worte haben Macht. Die Freude und Erleichterung, die in dem oben zitierten Vers aus den Sprüchen und auch in Psalm 94,19 beschrieben werden, erlebe ich täglich durch die Ermutigung meines Mannes: „War mir das Herz von Sorgen schwer, dann liebkoste dein Trost meine Seele" (NeÜ).

Ich weiß, was für ein Geschenk es ist, einen ermutigenden Ehepartner zu haben, und ich verstehe, dass sich nicht jeder darauf freut, zu seiner Familie nach Hause zu kommen, denn für viele Menschen ist ihre Familie einer der größten Angstauslöser. Wenn das bei dir der Fall ist, gibt es für dich vielleicht einen anderen Menschen, der eine Quelle beruhigenden Trostes sein kann. An wen könntest du dich wenden, wenn du verlässliche Ermutigung brauchst, um deine ängstlichen Gedanken zu beruhigen?

Das Beste an dieser Situation ist, dass die Worte der Ermutigung nicht von anderen Menschen kommen müssen. Wir können auch uns selbst freundliche, positive Worte zusprechen – jederzeit und überall. Denkst du noch an die Hilfe durch positive innere Monologe?

Und schließlich solltest du überlegen, wie du anderen Mut machen kannst. Es gibt keinen Grund, warum wir uns nicht bemühen sollten, einander mit freundlichen Worte zu bedenken. Wir kennen vielleicht nicht jedes Detail im Leben eines anderen oder jeden Gedanken in seinem Kopf, aber die freundlichen Worte, die wir jemandem schenken können, der es gerade schwer hat, kosten uns nichts und können ihn zu einem Zeitpunkt trösten, in dem er es sehr nötig hat.

Ein freundliches, ermutigendes Wort kann meine angstbesetzten Gedanken vertreiben und meine Ängste beschwichtigen.

Impuls für dein Tagebuch

Wer ist dein größter Ermutiger? Was sind die beiden ermutigendsten Aussagen, die diese Person zu dir gesagt hat? Haben diese Ermutigungen dazu beigetragen, deine Ängste zu lindern? Wenn ja, wie? Wenn nein, warum nicht? Wen kannst du heute ermutigen?

Gebet

Guter Gott, danke für die Gabe der Kommunikation und der ausdrucksstarken Sprache. Wie weise bist du, dass du die Gemeinschaft erfunden hast, von der wir leben. Hilf uns, unsere Zunge zu gebrauchen, um dich zu loben und uns in Zeiten von Trauer und Angst gegenseitig aufzurichten. Amen.

Einheit 14

HOFFNUNG

Als Gott Abraham versprach, dass er zum Vater vieler Völker werden würde, glaubte Abraham ihm und hielt an der Hoffnung fest, obwohl es hoffnungslos schien […]
Ja, sein Glaube wuchs sogar noch, und damit ehrte er Gott. Er war vollkommen überzeugt davon, dass Gott das, was er versprochen hat, auch tun kann.
Römer 4,18.20-21

Fast jeden Tag kommt eine wunderbare Klientin, die seit Jahren mit Angstzuständen zu kämpfen hat, in mein Sprechzimmer und ist niedergeschlagen, müde und erschöpft. Sie tut alles, worum ich sie gebeten habe, und doch hat sie weiterzukämpfen. Sie sagt dann Sätze wie: „Ich verliere die Hoffnung", und mir wird das Herz schwer. Ich weiß aus erster Hand, wie unüberwindlich einem der Kampf gegen chronische Angstzustände vorkommen kann, und manchmal fühlt es sich an wie Ertrinken.

In den Psalmen lesen wir immer wieder von den Gefühlen, die entstehen, wenn wir Menschen auf Heilung warten:

Rette mich, Gott, das Wasser steht schon am Hals!
Ich versinke im strudelnden Moor; meine Füße verlieren den Grund. Ich bin in tiefes Wasser geraten, die Strömung reißt mich weg. Vom Rufen bin ich erschöpft, meine Kehle ist wund.
Meine Augen erlöschen vom Warten auf meinen Gott.
Gott, mein Gott, komm und rette mich! (Psalm 69,2-4)

> *Mein Gott, mein Gott! Warum hast du mich verlassen?*
> *Warum bist du so weit weg? / Du hörst mein Schreien nicht!*
> *Mein Gott, ich rufe am Tag, doch du antwortest nicht,*
> *ich rufe bei Nacht und finde nicht Ruh!* (Psalm 22,1-2)

> *Gott, höre mein Gebet und weise meinen Hilferuf nicht ab! Erhöre mich und antworte mir, denn meine Sorgen bedrücken mich sehr. Meine Feinde bedrohen mich. Sie bedrängen mich und voller Zorn wollen sie mich angreifen.* (Psalm 55,2-4)

David, der Psalmist, hat das Gefühl zu ertrinken. Er befindet sich in einem Sturm, fühlt sich von seinen Umständen völlig überwältigt und von allen Seiten bedrängt. Trotz all der Traurigkeit und Verzweiflung, die wir in Davids Worten lesen, scheint es mir, als ob er sich an einen Hoffnungsschimmer klammert.

Hoffnung ist eine seltsame Sache. Der kleinste Hauch von Hoffnung kann den größten Kummer überdecken und uns die Kraft und den Mut geben, den nächsten Tag anzugehen. Sie kann manchmal schwer fassbar sein, aber sie ist auch leicht verfügbar, wenn wir sie ergreifen wollen. Es ist vielleicht nicht immer logisch, Hoffnung zu haben, denn sie kann eine Menge Glauben erfordern, aber sie hat die Kraft, Zweifel zu übertönen und uns zu ermutigen, auf Kurs zu bleiben.

In den am Anfang dieser Einheit stehenden Bibelversen lesen wir: „Abraham hielt an der Hoffnung fest, obwohl es hoffnungslos schien." Abraham hatte keinen logischen Grund zu glauben, dass er Stammvater vieler Generationen sein würde – angesichts des Alters seiner Frau. Dennoch hatte Abraham Hoffnung, als es keine Hoffnung mehr gab. Das beeindruckt mich.

Ich sehe in Abraham eine hartnäckige Hoffnung, die seinen eigenen Unglauben an die Kraft von Gottes Verheißung überwunden hat, obwohl es jeder Logik widersprach. Abraham entschied sich bewusst für diese Hoffnung. Was mich noch mehr staunen lässt, ist, dass Abraham nicht mal die geschriebenen Worte Gottes zur

Verfügung standen, auf die er sich hätte berufen können, wie wir es heute tun. Er konnte kein Exemplar der Bibel zur Hand nehmen und darin etwas über Gottes Verheißungen und seinen Charakter lesen. Es scheint so, dass Abrahams Glaube an die Quelle seiner Hoffnung wirklich sehr groß war.

Vielleicht hast du das Gefühl, dass es für dich wenig bis gar keinen Sinn hat, dich weiter darum zu bemühen, deine Ängste zu überwinden. Oder du kämpfst schon seit Monaten, Jahren oder Jahrzehnten mit ihnen und bist deshalb müde, erschöpft und bereit aufzugeben. Bitte gib nicht auf, liebe Freundin. Aufgeben wird dich nicht ans Ziel bringen, und deine Angst dient nur dazu, den Feind größer erscheinen zu lassen, als er ist.

Es erfordert harte Selbstdisziplin, unsere Augen auf das Unsichtbare zu richten, weiterzukämpfen, wenn alles sinnlos erscheint, an der Hoffnung festzuhalten und zu sagen: „Ich vertraue dir, Gott!". Du kannst Ausdauer beweisen, ganz sicher.

---

*Wenn unsere Angst überwältigend ist,
unsere nächsten Schritte unklar erscheinen
und unser Weg ungewiss ist, können wir uns
an die Hoffnung auf einen liebevollen
und wunderbaren Retter klammern,
der die Hoffnung in Person ist.*

Impuls für dein Tagebuch

Stelle dir einmal die ehrliche Frage, ob du in deinem Kampf gegen die Angst die Hoffnung bereits aufgegeben hast. Auf was oder wen verlässt du dich, dass dir Hoffnung geschenkt wird? Welche Schritte kannst du unternehmen, um in deinem Kampf gegen die Angst voranzukommen?

Gebet

Mein Gott, danke, dass du meine lebendige Hoffnung bist, mein Vater, der sich um jedes einzelne Detail in meinem Leben kümmert. Hilf mir, die Zweifel zu überwinden, die meine Ängste hervorrufen, und hilf mir zu glauben, dass eine Befreiung von meiner Angst möglich ist. Ich weiß, dass du mich stark und mutig machen kannst. Amen.

Einheit 15

DENKMUSTER

Mit diesen Waffen zerschlagen wir all die hochtrabenden Argumente, die die Menschen davon abhalten, Gott zu erkennen. Mit diesen Waffen bezwingen wir ihre widerstrebenden Gedanken und lehren sie, Christus zu gehorchen.
2. Korinther 10,5

Wenn ich an einem Arbeitstag von meinem Auto zu meinem Büro gehe, durchlebe ich sehr häufig innerlich ernsthafte Symptome des Hochstaplersyndroms. Bei jedem Schritt denke ich mir: *Was mache ich hier eigentlich? Ich bin doch für diesen Job unqualifiziert. Ich bin eine solche Blenderin.* Dies löst einen Strom angstbeladener Gedanken bei mir aus, der noch dadurch verschlimmert wird, dass ich nicht das Gefühl habe, mit meinen Kolleginnen darüber reden zu können. Denn was wäre, wenn sie meine Selbstzweifel bestätigen würden? Das Impostor- oder Hochstaplersyndrom wird von der *American Psychological Association* als ein Gefühl der Unzulänglichkeit, des Selbstzweifels, des Infragestellens der eigenen Qualifikationen und Fähigkeiten und als Gefühl beschrieben, man habe kein Recht zu existieren. Das Hochstaplersyndrom und die Angst, die es auslöst, haben viel mit unseren Gewohnheiten im Umgang mit uns selbst und mit unserer Identität in Christus zu tun.

Wir haben bereits in Einheit 6 über die Bedeutung von *Self-Talk* oder inneren Monologen gesprochen. Die Macht dieser inneren Monologe kann kaum überschätzt werden. Wenn wir in unserem

Self-Talk freundlich mit uns umgehen, sind wir offen für das Prinzip der Gnade. Wenn wir uns aber selbst schlechtmachen, laden wir eine Spirale von angstbesetzten Gedanken ein.

Unsere gewohnheitsmäßigen inneren Monologe und unsere Überzeugungen darüber, wer und wie wir wirklich sind, sind eng miteinander verbunden. Wenn wir in unserer Bewältigung der Angst Fortschritte machen, lernen wir dabei, dass unsere Meinung über uns selbst von größter Bedeutung ist, weil sie es ist, die unsere Gedankenwelt bestimmt. Sprüche 23,7 gibt uns einen Hinweis auf dieses Konzept: „Wie ein Mensch in seinem Herzen denkt, so ist er" (nach der King James Bibel übersetzt).

Meine angstgetriebenen inneren Monologe liefen immer nach dem folgenden Muster ab: „Du bist nicht gut genug. Du wirst nie gut genug sein. Das hast du wirklich verbockt. Warum bist du nicht disziplinierter? Warum kannst du nicht ein besseres Vorbild sein? Was ist, wenn das nicht klappt? Was glaubst du, wer du bist?"

Heute ist mein *Self-Talk* auf die Überwindung meiner Angst ausgerichtet und hört sich eher so an: „Ich bin nichts ohne Gott, und da ich ihn habe, habe ich alles. Ich bin sicher in dem, was Gott von mir sagt. Er hat alles unter Kontrolle und er hat nur mein Bestes im Sinn. Ich bin von ihm geliebt, und er liebt mich so sehr, dass er alles für mich geopfert hat."

Sogar David, der Verfasser der vielzitierten Psalmen, muss mit seinem inneren Monolog ringen und sich daran erinnern, wem er vertrauen und auf wen er sich verlassen sollte:

> *Warum bin ich so mutlos? Warum so traurig? Auf Gott will ich hoffen, denn eines Tages werde ich ihn wieder loben, meinen Retter und meinen Gott.* (Psalm 42,6)

> *Was bist du so verwirrt, meine Seele, was stöhnst du in mir? Hoffe auf Gott! Denn ich werde ihn noch preisen, ihn, meine Hilfe und meinen Gott!* (Psalm 43,5; NeÜ)

Lobe den Herrn, meine Seele, und vergiss all das Gute nicht, das er für dich tut. (Psalm 103,1-2)

Liebe Freundin, vielleicht schämst du dich für dich selbst, aber das heißt nicht, dass Jesus sich auch für dich schämt. Es ist noch kein einziger Tag vergangen, an dem Gott in Panik geraten ist und gedacht hat: *Mist, sie hat alles kaputtgemacht, was ich für sie geplant hatte.* Auch David kämpfte wie die meisten von uns mit seinen Ängsten, und er wusste, wohin er sich mitten in seiner Angst wenden konnte: an unseren Gott.

Unser liebender Erlöser wartet mit angehaltenem Atem auf den Augenblick, in dem wir unseren inneren Monolog der Selbstverurteilung aufgeben und stattdessen unsere Ängste ihm anvertrauen.

In der Welt, in der ich lebe, muss ich lernen, meine negativen inneren Monologe zu zügeln und sie von der Liebe Gottes her neu zu formulieren.

Impuls für dein Tagebuch

Was sind zwei der am häufigsten wiederkehrenden ängstlichen Gedanken oder negativen Selbstgespräche, die du bei dir entdeckst? Wie kannst du diese Denkmuster umformulieren oder umdeuten?

Gebet

Gott, mein Vater im Himmel, danke, dass du mich trotz meiner Ängste liebst. Du liebst mich mehr, als ich jemals ganz verstehen werde, und wahrscheinlich mehr, als ich mich selbst jemals lieben werde. Du bist groß und über alle Maßen geduldig. Hilf mir, meinen Kopf mit positiven Selbstgesprächen zu füllen, die von dem bestimmt sind, was du über mich und zu wem ich gehöre, sagst. Amen.

Einheit 16

PERSÖNLICHE BEDÜRFNISSE

Macht euch keine Gedanken über eure Nahrung – was ihr essen oder trinken sollt. Macht euch keine Gedanken darüber, ob Gott euch damit versorgen wird. Diese Dinge beherrschen das Denken der meisten Menschen, doch euer Vater weiß, was ihr braucht.
Lukas 12,29-30

Jesus hat nur wenige Male direkt über das Thema Angst gesprochen, aber unsere heutige Lesung berichtet von einer solchen Gelegenheit. Sie stammt aus dem zwölften Kapitel des Lukasevangeliums, in dem Jesus am Beispiel der Vögel aufzeigt, wie unsere Seele ohne Sorge um die Zukunft leben und darauf vertrauen kann, dass alles gut wird. Jesus ruft uns auf, unsere Ängste abzulegen, vor allem diejenigen, die sich auf unsere Grundbedürfnisse beziehen, denn er wird für uns sorgen, egal wie die Umstände auch sind.

Für viele, die mit chronischen Ängsten zu kämpfen haben, kann es schwer sein, diesen Vers zu lesen. Denn allzu oft wurde er als Waffe benutzt – vielleicht von Angehörigen als Beispiel dafür, dass Menschen, die sich Sorgen machen, sündigen. Es kann sein, dass ich die Einzige bin, der es so geht, aber dieser Vers hat mir ehrlich gesagt noch nie viel Trost gegeben.

In meinem Kopf gehen Gedanken umher wie diese: Natürlich sind die Blumen und Vögel in ihrer Sorglosigkeit sehr schön, Jesus. Ich bezweifle nicht, dass ich Gott mehr am Herzen liege als alle Tiere und Pflanzen, aber ich bezweifle, dass die Vögel dieselben Sorgen haben wie ich. Die Blumen auf dem Feld und die Vögel unter dem Himmel müssen nicht überlegen, wie sie die zusätzliche Autoversicherung für meinen Sechzehnjährigen bezahlen sollen. Die Blumen und Vögel müssen sich keine Sorgen machen über den Krebs meiner Mutter, die schlechten Noten meines Sohnes oder meine ständige latente Angst, dass mein Mann vor mir stirbt und ich für immer allein bleibe. Ist es nicht möglich, dass die Vögel so sorgenlos sind, weil es eben keine Sorgen gibt, die sie sich machen müssten? (Natürlich kann ich das nicht mit Sicherheit sagen, ich bin schließlich kein Vogel.) Und trotzdem, der Vergleich passt für mich einfach nicht.

Mit den oben zitierten Worten, die uns im Lukasevangelium überliefert sind, spricht Jesus eine Einladung aus, eine Ermutigung, und keinen Befehl. Schauen wir einmal genau hin und überlegen wir, vor welchen Sorgen Jesus uns in diesem Vers warnt: Sorgen um Nahrung, Kleidung und Finanzen. Warum rät er uns davon ab, uns gerade um diese Bedürfnisse zu sorgen? Weil unser Leben *unendlich viel mehr* ist als die Nahrung, die wir essen, oder die Kleidung, die wir tragen (Lukas 12,23). Nahrung, Kleidung und Geld sind zwar in gewissem Umfang lebensnotwendig, aber sie sind nicht das, worum es im Leben geht.

Im Leben geht es darum, Gott und andere Menschen zu lieben. Wenn ich Gott und sein Reich an die erste Stelle setze und anderen zuerst diene, werde ich feststellen, dass alle meine Bedürfnisse befriedigt werden – und zwar nicht durch irgendwelche Transaktionen, sondern auf eine Weise, die mein Herz und meine Sichtweise verändert. Meine Entscheidung, mich auf Gottes Gnade und meinen Einsatz für andere zu konzentrieren, beruhigt meine Ängste. Jeden Tag wird er meine Bedürfnisse stillen, wenn ich vor allem und mit Leidenschaft sein Reich mitgestalte.

Christus ist in jedem Augenblick unseres Lebens für uns da. Wie Eltern, die ihr Kind trösten, indem sie sagen: „Mach dir keine Sorgen, wir schaffen das schon", so sagt Christus zu uns: „Mach dir keine Sorgen, ich schaffe das schon." Bei jedem ängstlichen Gedanken, der uns durch den Kopf geht, hofft er, dass wir zu ihm kommen, damit er uns aus erster Hand davon überzeugen kann, dass er einen Plan für unsere Sicherheit hat.

Im Leben geht es darum, Gottes Reich an die erste Stelle zu setzen. Alles andere wird sich von selbst ergeben, auch mein Seelenfrieden.

Impuls für dein Tagebuch

Welches Beispiel aus der vergangenen Woche zeigt, dass deine Angst die Oberhand gewonnen hat? Wie lange hat es gedauert, bis du deine Sorgen im Gebet zu Gott gebracht hast? Wie kannst du Jesus beim nächsten Mal früher in deinen Sorgenprozess einbeziehen?

Gebet

Lieber Vater, hilf mir, dir auch weiterhin alle meine Sorgen anzuvertrauen, die großen und die kleinen. Ich weiß, dass du dich um jeden einzelnen meiner ängstlichen Gedanken kümmerst. Nichts ist zu unwichtig für deine Sorge. Du lädst mich ein, in meinen Ängsten mit dir zu rechnen, dich einzubeziehen, um mein Vertrauen in das, was du für mich geplant hast, zu stärken. Hilf mir, dass ich mich mit jeder Sorge, die mich überfällt, zuerst an dich wende. Amen.

Einheit 17

GOTTES PLÄNE

Können all eure Sorgen euer Leben auch nur um einen einzigen Augenblick verlängern? Nein.
Matthäus 6,27

Eine der ersten Erfahrungen mit Angst, die ich als Erwachsene gemacht habe (zumindest soweit ich mich erinnern kann), war, als ich erfuhr, dass ich mit meinem Sohn Alexander schwanger war. Fast jede Mutter, die zum ersten Mal schwanger ist, hat mit Ängsten zu kämpfen; das ist eine normale menschliche Reaktion. Aber als ich von meiner Schwangerschaft mit Alex erfuhr, war das intensiver, als viele vielleicht erwarten. Ich war erst zwanzig Jahre alt, frisch verlobt (mit meinem Mann Joseph), gerade wieder bei meiner Mutter und meinem Vater, einem Pastor, eingezogen, hatte eben erst eine Krankenpflegeausbildung begonnen und war alles andere als bereit, schwanger zu sein.

Ich befand mich auf der Toilette im Forschungsgebäude der *University of Cincinnati,* wo ich zu der Zeit arbeitete, und starrte auf das Ergebnis des Schwangerschaftstests: positiv. Ich spüre noch immer den Tsunami an Emotionen, der mich damals überrollte: Angst, Sorge, Entsetzen, Unbehagen und Kontrollverlust. Katastrophale Was-wenn-Szenarien überfluteten meine Gedanken: Was, wenn mein Vater seine Stelle als Pastor verliert, sobald seine Kirchenleitung von meiner Schwangerschaft erfährt? Was, wenn Joseph mich deswegen verlässt? Was, wenn ich die Schule nicht beenden und kein Baby ernähren kann? Was, wenn – was, wenn – was, wenn. Natürlich ist nichts von alldem passiert.

Ich kenne alle gängigen Trostsprüche: Gott hat alles unter Kontrolle; er liebt mich unendlich; er ist den Zerbrochenen und Zerschlagenen nahe und er hat großartige Pläne für mein Leben. Das sind Verheißungen, die ich gehört habe, seitdem ich angefangen habe, Jesus nachzufolgen. Aber in besonders schweren Zeiten ist meine Angst ohrenbetäubend laut.

Wie hat mir das Sorgen jemals geholfen? Hat sich meine Sorge jemals ausgezahlt oder meinem Leben einen Wert verliehen, wie Jesus in der obigen Bibelstelle fragt? Hat meine Sorge wirklich jemals etwas verändert oder etwas Beängstigendes in etwas Positives umgewandelt? Ich kann mich nicht an einen einzigen Fall erinnern, in dem dies so war.

Woran ich mich aber erinnern kann (und zwar leicht), ist die Menge an Schlaf, die ich durch unruhige Gedanken verloren habe. Ich kann mich an all die Einladungen zu Treffen mit meinen Freunden erinnern, bei denen ich mich entschieden habe, nicht teilzunehmen, um dann zu Hause zu sitzen und mich damit zu quälen, ob das jetzt eine richtige Entscheidung war oder nicht. Ich kann mühelos all die Gelegenheiten aufzählen, die das Potenzial hatten, mir Freude zu schenken, in denen ich aber stattdessen zugelassen habe, dass meine Angst mir diese Freude raubte.

Eine meiner bevorzugten Bewältigungsstrategien für meine Angst ist die Kontrolle. Immer wenn ich mir Sorgen darüber mache, wie eine Sache ausgeht, versuche ich reflexartig, so viel Kontrolle wie möglich über die Situation zu gewinnen. Aber es ist natürlich vorhersehbar, dass dieser Plan scheitert, weil ich niemals wirklich die Kontrolle über eine Situation hatte. Die Kontrolle gehört Jesus. Jesus hat bereits alles zerstört, was Macht hat, mich zu vernichten. Warum fällt es mir also so schwer, dieses Geschenk anzunehmen?

Wir müssen nicht auf uns allein gestellt kämpfen. Lassen wir verlorenen Schlaf und gescheiterte Pläne hinter uns. Wir haben bereits zu viel Zeit damit verbracht, uns auf den schlimmsten Fall und die Verhinderung des katastrophalen Szenarios in unserem Kopf vorzubereiten. Wenn sich die Angst bei dir meldet, sage ihr: „Ich weigere mich, das Leben, das Gott für mich geplant hat, noch länger zu verpassen."

Geben wir die Sichtweise auf, dass das Glas halb leer ist, von der die Angst uns überzeugen will, und entscheiden wir uns bewusst dafür, uns auf das Gute, das Sichere und das Wahre zu konzentrieren. Geben wir die Kontrolle auf, die wir nie hatten, und leben wir stattdessen nach dem Plan, den Gott für uns hat: seinem Masterplan, der alles im Blick hat.

Selbst wenn meine Ängste am lautesten sind,
habe ich Möglichkeiten, Gottes Stimme
zu verstärken. Ich möchte seine Stimme
vor allen anderen hören.

Impuls für dein Tagebuch

Was ist ein Beispiel dafür, dass du dir umsonst um etwas Sorgen gemacht hast und wo genau das Ergebnis, das du befürchtet hattest, nie eingetreten ist? Hat deine Sorge oder dein Versuch, eine Situation zu kontrollieren, etwas am Ergebnis geändert?

Gebet

Lieber Vater, ich weiß, dass du größer bist als meine größte Sorge – und trotzdem fällt es mir schwer, meine ängstlichen Gedanken zum Schweigen zu bringen. Erinnere mich an die Pläne, die du für mich hast, immer und immer wieder, denn ich bin vergesslich, Herr. Hilf mir, die Kontrolle über mein Leben freiwillig und bereitwillig an dich abzugeben. Amen.

Einheit 18

AUSDAUER

Bittet, und ihr werdet erhalten. Sucht, und ihr werdet finden.
Klopft an, und die Tür wird euch geöffnet werden.
Denn wer bittet, wird erhalten. Wer sucht, wird finden.
Und die Tür wird jedem geöffnet, der anklopft.
Matthäus 7,7-8

Während ich diese Zeilen schreibe, bin ich seit siebzehn Jahren verheiratet. Wir haben einen sechzehnjährigen Sohn und eine zwölfjährige Tochter. Mein Mann und ich haben im zarten Alter von zwanzig Jahren geheiratet, und wenn du nachrechnest, wirst du sehen, warum ich mich so schlecht gerüstet fühle, einen Bald-Teenager und einen Jugendlichen zu erziehen. Mit meinen siebenunddreißig Jahren habe ich selbst gerade erst ein paar Geheimnisse des Lebens für mich entdeckt. Wie soll ich nun meinen Kindern eine gute Mutter sein und sie erfolgreich in die Welt katapultieren?

Wenn ich etwas über Kindererziehung weiß, dann dies: Kinder müssen das Wort Nein hören. Die Modeerscheinung der regelfreien Erziehung gehört zu den schlechtesten Erziehungsphilosophien, die Eltern wählen können. Einem Kind alles zu geben, was es sich wünscht, bringt vielleicht vorübergehenden Frieden, führt aber auf Dauer zu Charakterschwächen. Liebevolle Eltern kümmern sich um ihre Kinder und geben ihnen das Beste, auch wenn das Beste darin besteht, ihnen zu sagen: „Jetzt nicht."

Viele wohlmeinende christliche Autoren und Blogger, die versuchen, mich in meinem Kampf gegen die Angst zu ermutigen, verweisen auf die wunderbaren Worte Jesu in unserem oben zu lesenden Bibelzitat. Jeder, der einen scheinbar aussichtslosen Kampf zu führen hat, wird sich an diesen Vers klammern. Schließlich ist er ein Versprechen, wie sehr wir als seine Kinder von Gott, unserem Vater, geliebt werden.

Als ich schon ein gutes Stück auf meinem Weg aus meinen Ängsten vorangekommen war, haben mich diese Worte aus dem Matthäusevangelium allerdings eher entmutigt. Sie ließen die Lösung so einfach erscheinen: Wenn ich Heilung erleben wollte, dann musste ich nur darum bitten. Und glaube mir, ich habe nicht gezögert, Gott um Heilung zu bitten. Ich bat, bestürmte ihn, bettelte – ich flehte Gott an. Aber ich erfuhr keine Erleichterung, und natürlich konnte ich nicht verstehen, warum das so war, denn nach Matthäus 7,7 ist mir alles versprochen, was ich brauche; ich muss nur darum bitten.

Jetzt erkenne ich den Fehler in meinem vereinfachten Denken und lese diesen Vers mit einer anderen Perspektive und durch eine klarere Brille. Ich glaube nicht mehr, dass es sich bei den wunderbaren Gaben, von denen ich lese, dass Gott sie mir versprochen hat, um Heilung handelt; ich glaube, seine Gabe ist Erkenntnis. Erkenntnis tiefer Wahrheiten, Erkenntnis über Gott selbst, Erkenntnis über Beziehungen und Erkenntnis über meine Bestimmung.

Diese Worte bei Matthäus erinnern uns eindringlich daran, wie wichtig es ist, im Kampf gegen die Angst an der Hoffnung festzuhalten. Beharrlichkeit zahlt sich aus, und schließlich wird die Heilung eintreten, wenn auch nicht innerhalb des Zeitrahmens oder in der Form, die wir uns erhofft haben. In Lukas 21,19 lesen wir: „Wenn ihr standhaft bleibt, werdet ihr eure Seelen retten."

So wie ich meinen oft ungeduldigen Kindern sagen muss: „Nein, nicht jetzt", so sagt Gott: „Nein, noch nicht" zu unserem Flehen um Heilung. Er möchte, dass wir die Erkenntnis erlangen, die nur durch den Kampf entstehen kann. Er möchte, dass wir Geduld und Ausdauer entwickeln, denn nur dann werden wir wahre Rettung finden. Gott lehrt uns etwas durch unsere Kämpfe und unsere Kämpfe werden schließlich zu einem Meisterkurs.

Im Blick auf meinen Kampf mit Angst und Unsicherheit muss ich mich immer wieder daran erinnern: Es wird nicht für immer so sein.

Impuls für dein Tagebuch

Was waren zwei Situationen in den letzten sechs Monaten, die bei dir am meisten Angst ausgelöst haben? Hattest du in diesen Situationen das Gefühl, dass es nie besser werden würde? War das wirklich so? Haben sich deine Umstände geändert oder haben sich deine Gefühle gegenüber den Umständen geändert?

Gebet

Gott, ich danke dir für deine Verheißungen durch deinen Sohn Jesus. Bitte hilf mir, dein Wort richtig auszulegen, deinen Gesamtplan für mich zu verstehen und vor allem zu begreifen, wozu es dient, wenn ich auf Heilung warten muss. Hilf mir, die Hoffnung auf dich nicht aufzugeben. Amen.

Einheit 19

ACHTSAMKEIT

Sorgt euch nicht um morgen, denn jeder Tag bringt seine eigenen Belastungen. Die Sorgen von heute sind für heute genug.
Matthäus 6,34

Es gab eine Zeit, da waren mein Mann und ich Hochzeitsfotografen – ja, das ist Lichtjahre von dem entfernt, was wir heute tun. Eine Hochzeit zu planen, und die Hochzeit selbst gehören zu den Ereignissen im Leben eines Menschen mit dem größten Stresspotenzial.[4] Für uns bedeutete diese Arbeit, dass wir Monate, manchmal sogar Jahre im Voraus von den Paaren gebucht wurden. Ein Teil unseres Erfolgs in diesem Geschäft war, dass wir gut planen konnten. Wobei es beim Planen definitionsgemäß darum geht, Ereignisse und Situationen zu berücksichtigen, die viele Tage, Wochen, Monate oder sogar Jahre in der Zukunft stattfinden werden, um unerwünschte Ergebnisse zu vermeiden.

Ich bin eine Planerin. Und mit Planerin meine ich, dass ich wie besessen die kleinsten Details aller möglichen Eventualitäten überprüfe. Planen ist eine der Methoden, die mir geholfen haben, mit meiner Angst umzugehen. Ich wäge ab, baue Puffer ein und lege mir alles so genau zurecht, wie ich kann, damit ich mich organisiert und vorbereitet fühle, wenn ein unvorhergesehener Stressfaktor auftaucht.

In dem Bibelvers, den wir zu Anfang gelesen haben, sagt Jesus, dass wir uns nicht um das Morgen sorgen sollen. Auf den ersten

Blick scheint das ein ziemlich striktes Gebot zu sein, aber schauen wir einmal genauer hin. Ist dies ein wörtliches Gebot Jesu, nicht an morgen zu denken, nicht vorauszuplanen und nur für das Heute verantwortlich zu sein?

Das klingt nicht nach einem vernünftigen Ratschlag. Für mich wäre es unverantwortlich, nicht zu planen, wann ich morgen früh zur Arbeit fahre, da meine Patienten auf mich warten. Als Hochzeitsfotografin erschien es mir unverantwortlich, mir für das nächste Jahr keinen Termin in meinem Kalender vorzumerken, wenn eine Braut mir eine beträchtliche Summe Geld dafür zahlt, dass ich mit einer Kamera an ihrer Hochzeit auftauche.

Stattdessen führt uns dieser Abschnitt aus dem Matthäusevangelium in das Konzept der Achtsamkeit ein, das uns helfen soll, die Gewohnheit zu vermeiden, Katastrophenszenarien aufzubauen. Achtsamkeit kann für Christen ein abschreckendes Wort sein, weil Achtsamkeitspraktiken oft mit fernöstlicher Meditation kombiniert werden. Meditation kann sich wie eine östliche Praxis anfühlen und Bilder von einem behäbigen Buddha heraufbeschwören, der im Lotossitz reglos auf dem Boden sitzt. Ich verstehe die Vorbehalte.

Deshalb hier mein Verständnis von Achtsamkeit. Achtsamkeit ist der Akt der Verlangsamung oder der Stille mit dem Ziel, unsere Aufmerksamkeit, Absicht und Wahrnehmung zu fokussieren. Die Praxis der Achtsamkeit hilft uns, die halsbrecherische Geschwindigkeit, mit der wir uns durchs Leben bewegen, zu verlangsamen, sodass wir uns auf die Aufgabe konzentrieren können, die direkt vor uns liegt. Meditation, die oft gleichbedeutend mit Achtsamkeit verwendet wird, hilft uns, den Weg zu verlassen, auf dem wir unser Leben blindlings von unseren Sinnen und Gefühlen bestimmen lassen. Allzu oft ist der Grund dafür, dass ich mich überfordert fühle, der, dass meine Sinne überlastet sind. Achtsamkeitsmeditation aber hilft mir, mich zu entlasten.

Jesus sagt uns hier im Matthäusevangelium, dass wir zur Ruhe kommen, präsent sein, und uns nicht zu sehr mit dem beschäftigen sollen, was morgen kommt. Es ist wichtig, die Aufgaben von heute zuerst zu erledigen und die Dinge nacheinander anzugehen.

Der Gedanke, still zu werden und ruhig zu sein, erinnert mich an Vers 10 aus Psalm 46: „Seid stille und erkennet, dass ich Gott bin! Ich will mich erheben unter den Völkern, ich will mich erheben auf Erden“ (LU). Eine andere Übersetzung von Psalm 46,10 drückt es folgendermaßen aus: „Überlass mir deine Angst! Sei still und gib dein ängstliches Bemühen auf, und du wirst sehen, dass ich Gott bin. Ich bin der Gott, der über alle Völker erhaben ist, und ich werde auf der ganzen Erde verherrlicht werden“ (Übersetzung nach „The Passion Translation“).

Das Stillsein kommt vor dem Frieden; Stillsein kommt vor der Anbetung, und Stillsein kommt vor der Erkenntnis: „Durch Umkehr und Ruhe könntet ihr gerettet werden. Durch Stillsein und Vertrauen könntet ihr stark sein“ (Jesaja 30,15). Es scheint, dass einer der besten Wege, um stärker zu werden, insbesondere in unserem Kampf mit der Angst, darin besteht, stiller zu werden.

Wenn ich mich in Achtsamkeit und Stille übe, kann ich meine Ängste lindern, indem ich meine Aufmerksamkeit auf Gott richte und die Sorgen von morgen an ihren Platz verweise – und sei es nur für einen Moment.

Impuls für dein Tagebuch

Welche Situation gab es in der vergangenen Woche, in der du dich aufgrund deiner Angst hektisch und überfordert fühltest? Hatte das etwas damit zu tun, dass es mehrere Stressfaktoren gleichzeitig gab? Fühltest du dich zum Teil überfordert, weil deine Sinne überlastet waren? Wie kannst du in solchen Zeiten die Werkzeuge der Achtsamkeit und Stille vor Gott nutzen, um deine ängstlichen Gedanken zu beruhigen?

Gebet

Gott, danke für das Geschenk der Zeit. Auch wenn die Menge an Zeit, die wir zur Verfügung haben, ein Stressfaktor sein kann, hilf uns zu erkennen, was für ein Geschenk die Zeit ist, wenn wir sie weise nutzen. Hilf uns, unsere Tage so zu strukturieren, dass sie auf dich ausgerichtet sind, damit wir dir durch einen ruhigen Geist und ein fokussiertes Herz Ehre erweisen können. Amen.

Einheit 20

SINN DES SCHMERZES

Wir freuen uns auch dann, wenn uns Sorgen und Probleme bedrängen, denn wir wissen, dass wir dadurch lernen, geduldig zu werden.
Römer 5,3

Die Frage, warum jemand Angstzustände erlebt, beantworte ich fast jeden Tag. Aus meiner Perspektive als Klinikerin habe ich Antworten darauf, auch wenn sie sehr vielschichtig sind, aus christlicher Sicht sind sie jedoch noch komplexer. Im Zusammenhang mit Angsterkrankungen gibt es viele Möglichkeiten, diese Frage zu beantworten. Und eine davon ist, dass es oft die Erfahrung von Leid oder Schmerz braucht, damit wir uns verändern und reifen. Dass Widrigkeiten uns stärker machen, ist eine uralte Formel. Der Schmerz lehrt uns etwas.

Kurz gesagt, die Antwort ist: Gott ist mehr an der Entwicklung unseres Charakters interessiert als an einer schnellen Lösung für unsere Probleme. Er ist nicht daran interessiert, uns von unseren Kämpfen zu befreien und unsere Umstände für uns perfekt zu gestalten, ohne dass wir in irgendeiner Weise daran wachsen. Würde er einen Zauberstab schwingen und all unsere Sorgen auslöschen (was, seien wir ehrlich, eine verlockende Option ist), würden wir wahrscheinlich unser ganzes Erwachsenenleben hindurch die Geduld und das Temperament eines Kleinkindes an den Tag legen und uns nie entwickeln oder einen Zustand der Weisheit und Reife erreichen. Wir würden uns mit Wutanfällen durch die schwierigen Phasen des

Lebens quälen und mit den Füßen aufstampfen, um eine sofortige Lösung unserer Probleme zu fordern.

In dem Bibelwort für diese Einheit aus dem Römerbrief zeigt uns Paulus einen besseren Weg auf. Sich in Wartezeiten in Geduld zu üben und mitten in beunruhigenden Umständen Gottes Güte zu preisen, mag überhaupt nicht einleuchtend erscheinen, aber es wird uns tatsächlich näher zu ihm und mehr in Einklang mit seinem Willen für uns bringen. Jeder Tag, an dem wir mit Ängsten kämpfen, ist eine weitere Gelegenheit dazuzulernen. Jede Sekunde, die wir mit einem ängstlichen Gedanken verbringen, ist eine Sekunde, die uns im Gebet näher zu Gott bringen könnte.

In 2. Korinther 4,17 lesen wir vom großen Gewinn, den unsere irdischen Kämpfe austragen: „Denn unsere jetzigen Sorgen und Schwierigkeiten sind nur gering und von kurzer Dauer, doch sie bewirken in uns eine unermesslich große Herrlichkeit, die ewig andauern wird!"

Mir gefällt besonders gut die folgende Übertragung dieses Verses:

> *Wir geben nicht auf. Wie könnten wir auch! Auch wenn es äußerlich oft so aussieht, als ob alles an uns zerbricht – es vergeht kein Tag, an dem sich nicht in unserem Inneren, wo Gott neues Leben schafft, seine Gnade entfaltet. Diese schweren Zeiten sind nur Peanuts im Vergleich zu den kommenden guten Zeiten, dem üppigen Fest, das für uns vorbereitet ist. Hier gibt es weit mehr, als man auf den ersten Blick sieht. Die Dinge, die wir jetzt sehen, sind heute hier und morgen schon vergangen. Aber die Dinge, die wir jetzt nicht sehen können, werden für immer bleiben.*
> (2. Korinther 4,16-18, nach MSG)

Wer ist der beste Lehrer, der heute lebt? Der Schmerz. Mitten im Kampf mit unseren Ängsten wissen wir, dass der Sieg naht.

Mein Kampf mit der Angst entwickelt meinen Charakter und lehrt mich dringend benötigte Lektionen, die ich auf keine andere Weise lernen kann.

Impuls für dein Tagebuch

Bestimmte sehr nötige persönliche Lektionen kann man nur durch Kämpfe lernen. Welche Lektion(en) hat dich dein Kampf mit der Angst gelehrt?

Gebet

Gott, danke, dass du in all den ungeliebten Umständen und Schwierigkeiten meines Lebens gegenwärtig bist. Hilf mir, mich daran zu erinnern, dass deine unendliche Gnade die Macht hat, eine kraftvolle Veränderung in meinem Herzen zu bewirken – eine Veränderung, die mich zu einem authentischen Menschen formt, der geistliche Reife über alles andere stellt. Amen.

ZWISCHENBILANZ NR. 2

Lasst uns also unerschütterlich an unserem Bekenntnis zu Jesus Christus festhalten, denn in ihm haben wir einen großen Hohenpriester, der vor Gott für uns eintritt. Er, der Sohn Gottes, ist durch den Himmel bis zu Gottes Thron gegangen. Doch er gehört nicht zu denen, die unsere Schwächen nicht verstehen und zu keinem Mitleiden fähig sind. Jesus Christus musste mit denselben Versuchungen kämpfen wie wir, doch im Gegensatz zu uns hat er nie gesündigt. Er tritt für uns ein, daher dürfen wir voller Zuversicht und ohne Angst vor Gottes Thron kommen. Gott wird uns seine Barmherzigkeit und Gnade zuwenden, wenn wir seine Hilfe brauchen.
Hebräer 4,14-16

Anhand der folgenden Fragen kannst du eine Zwischenbilanz über die letzten zehn Einheiten in diesem Andachtsbuch ziehen. Vielleicht möchtest du deine Antworten in deinem Tagebuch festhalten.

Welche drei Gedanken oder Ideen aus den letzten zehn Andachten haben dich am stärksten beeindruckt oder beeinflusst?

Was sagt Gott dir gerade darüber, wie du mit deiner Angst zurechtkommst?

Ausgehend von der Antwort auf die vorige Frage – wie kannst du deinen Umgang mit deinen Ängsten verbessern?

Einheit 21

MEHR DANKBARKEIT

Er hat uns erschaffen und wir gehören ihm.
Wir sind sein Volk, die Schafe seiner Weide.
Geht durch die Tempeltore mit Dank,
tretet ein in seine Vorhöfe mit Lobgesang.
Dankt ihm und lobt seinen Namen.
Denn der Herr ist gut. Seine Gnade hört niemals auf,
und seine Treue gilt für immer.
Psalm 100,3-5

Ich werde nahezu täglich von Ängsten geplagt. Vor allem meine beruflichen Aufgaben und die Ungewissheit der Zukunft auch hinsichtlich meiner Familie machen mir zu schaffen. Die Sache ist jedoch die: Die Aufgaben, die ich derzeit habe, waren einmal ein Wunsch, den ich in einem Gebet geäußert habe. Da ist mein Beruf, von dem ich mich häufig ausgebrannt fühle. Wie oft habe ich dafür gebetet, dass ich das Studium schaffe, damit ich einen *richtigen Job* annehmen kann. Und da sind auch meine Kinder, die jetzt lernen, ihre eigenen Beziehungen zu gestalten, ihr eigenes Auto zu fahren und ihre eigenen Entscheidungen zu treffen. Als Kind habe ich oft um eine Familie gebetet; solange ich denken kann, wollte ich Mutter sein. Nun, ich habe bekommen, was ich gewollt habe, und manche Aspekte machen mir Sorgen.

Hin und wieder schaue ich mir mein angstbelastetes Leben an und höre eine innere Stimme: *Ist es nicht das, was du wolltest? Hast du nicht genau darum gebetet?* Wenn mir diese Gedanken kamen, kam mit ihnen auch gleichzeitig das Gefühl, dass ich undankbar war – kein gutes Gefühl.

Meine Tochter Brooklyn Grace hat ein wunderbares Ritual vor dem Einschlafen entwickelt. Sie hat neben ihrem Bett einen Becher stehen, in dem sich Eisstiele befinden, die sie mit Farben und Worten verziert hat. Darauf steht etwa: Fahrradfahren mit Papa, neues Kunstprojekt oder Facetime mit bester Freundin. Jeden Abend vor dem Schlafengehen nimmt sie die Stäbchen aus ihrem „Glücksbecher", auf denen die guten Dinge stehen, die an diesem Tag passiert sind, und konzentriert sich darauf. Mit diesen dankbaren Gedanken schläft sie dann ruhiger, und ein erholsamer Schlaf sorgt für einen guten Tag, wenn sie aufwacht.

Ich möchte in dieser Hinsicht wie meine Tochter sein. Ich möchte mich an all das Gute erinnern, das Gott mir an jedem Tag schenkt, anstatt mich auf das zu konzentrieren, was mir vermeintlich fehlt. Ich möchte meine Aufmerksamkeit auf die Schönheit und die Gnade richten, anstatt mich von den negativen Dingen gefangen nehmen zu lassen.

Warum verschwende ich, was du mir gibst, Jesus? Warum beschwere ich mich? Wo bleibt meine Dankbarkeit, und warum vergesse ich so leicht alles, was du mir geschenkt hast?

Du denkst jetzt vielleicht: Hatten wir das mit der Dankbarkeit nicht schon? Ja genau. Wir haben bereits in Einheit 7 über die Bedeutung der Dankbarkeit gelesen, und wir sprechen jetzt wieder darüber, weil sie so wichtig ist. Immerhin gibt es in der Bibel mehr als einhundertdreißig Verse zum Thema Dankbarkeit.

Mein Mann stellt über den Tag verteilt in verschiedenen Abständen den Alarm auf seinem Handy, und wenn der Alarm ertönt, wird er daran erinnert, Dinge, für die er dankbar ist, laut zu benennen und zu beten. (Falls du eine schnelle Anleitung zum Beten brauchst, versuche es mit der L.B.D.B.-Methode: Lobpreis, Bekennen, Danken und Bitten.)

Wenn wir die Dankbarkeit regelmäßig in unseren Alltag integrieren, wird sie uns im Kampf gegen unsere Angst großartig helfen.

Es mag nicht immer unsere instinktive Reaktion sein, Gefühle der Sorge oder Traurigkeit durch Erinnerungen an eigene Fortschritte zu überschreiben, und Dankbarkeit mag nicht immer unser erster Impuls sein. Aber mit etwas Übung und Zeit können wir lernen, mit Offenheit und Lob auf unsere Ängste zu reagieren.

Mit der Zeit habe ich sogar gelernt, für meine Ängste dankbar zu sein. Sie zeigen mir Wege auf, die ich für mich selbst nicht geplant hätte.

Dankbarkeit zu üben, ist eine der wichtigsten Möglichkeiten, Ängste aufzulösen. Ich sollte sie zu meinem Lebensstil machen.

Impuls für dein Tagebuch

Was sind drei Dinge, für die du heute dankbar sein kannst? Was sind drei Dinge, für die du gestern dankbar warst?

Gebet

Lieber Vater, wie oft kann ich dir noch danken? Es wird nie genug sein. Ich verstricke mich so leicht in meine täglichen Beschwerden und negativen Gedanken, dass ich vergesse, wie viel du schon für mich getan hast. Bitte hilf mir, mich immer wieder daran zu erinnern, auf wie viele Weisen und in wie vielen Dingen du dich um mich kümmerst. Amen.

Einheit 22

NÄHE HAT MACHT

Jesus sagte zu ihnen: „Meine Seele ist zu Tode betrübt. Bleibt hier und wacht mit mir." Er ging noch ein bisschen weiter, sank zu Boden und betete.
Matthäus 26, 38-39

Eine der vielen, vielen Eigenschaften Jesu, die ich so hinreißend finde, ist, dass er zu 100 Prozent Gott und gleichzeitig zu 100 Prozent Mensch war. Einer von vielen Gründen, warum ich die Evangelien liebe, ist, dass ich in ihnen aus erster Hand lesen kann, dass Jesus genauso ein Mensch war, wie ich es bin, mit all meinen sehr realen menschlichen Emotionen wie Angst, Traurigkeit und Sorge.

Das Bibelwort für diese Einheit aus dem Matthäusevangelium entstammt folgender Szene: Jesus weiß, was die Nacht bringen wird – einen Verrat und eine Verhaftung. In seiner Not bittet Jesus seine Jünger um das Geschenk ihrer Nähe – dass sie bei ihm bleiben, während er unter der Last einer unausweichlichen Zukunft schier zusammenbricht. Dann zieht er sich zurück und betet zu seinem Vater um Führung und Frieden. In seiner Angst und Verzweiflung betet er so intensiv, dass er Blut schwitzt, wie uns die Bibel berichtet.

Ich sehe in dieser Bibelstelle mehrere Lehren, die ich auf meinen persönlichen Kampf mit der Angst anwenden kann. Ausgehend vom Handeln Jesu in diesem Vers könnte es keine klarere Anweisung geben. Erstens: Wenn wir uns überfordert, müde, ängstlich und furchtsam fühlen, sollen wir andere, die uns nahestehen, in unseren Kampf einbeziehen, denn wir können ihn ganz sicher nicht allein führen. Zweitens: Wenn wir uns überfordert, müde, ängstlich und furchtsam fühlen, sollen wir beten.

Die Nähe zu unserem Erlöser können wir durch das Gebet erreichen. Aber wir sollten auch die Nähe zu den Menschen suchen, denen wir am meisten vertrauen. Das sehen wir sehr gut in den Versen, in denen beschrieben wird, dass Jesus in der Gegenwart seiner Freunde Petrus, Jakobus und Johannes Trost sucht. Auch von Hiob lesen wir, dass er in seinen schweren Zeiten seine Freunde um sich hat. In der menschlichen Nähe liegt Kraft.

Wenn ich an biblische Beispiele für Traurigkeit, Leid und absolut ungerechte Lebensumstände denke, die einem jedes Recht gäben, verbittert zu sein, dann fällt mir Hiob ein. Im Buch Hiob folgen wir einem Mann, der anscheinend sein Leben so lebt, wie Gott es erwartet: treu und untadelig. Hiob macht alles richtig, aber dann verliert er buchstäblich alles, was einem Menschen lieb und teuer ist: seine Kinder, sein Personal, sein Vieh, seinen Lebensunterhalt und seine Gesundheit.

Hiob reagiert auf all diese verheerenden Verluste mit Trauer, aber auch mit Glauben. Er scheint zu verstehen (sicherlich besser als ich), dass Schmerz im Leben unvermeidlich ist. Seiner Frau, die in ihrem eigenen Kummer verletzt und wütend auf Gott ist, sagt er: „Du sprichst wie eine Frau, die dumm und gottlos ist. Sollen wir das Gute aus Gottes Hand nehmen, das Schlechte aber ablehnen?" Anschließend ist dort zu lesen: „Und noch immer sprach Hiob kein sündiges Wort gegen Gott" (Hiob 2,10).

Anschließend an dieses Gespräch kommt eine meiner Lieblingsstellen in der Geschichte. Eines Tages, als sein Schmerz am schlimmsten ist, sitzt Hiob auf dem Boden in der Asche, weil er nicht weiß, was er tun soll. Da kommen seine Freunde Elifas, Bildad und Zofar, weil sie von Hiobs Verlusten gehört haben und ihm helfen wollen. Lesen wir, wie sie ihrem Freund helfen wollen:

Als sie Hiob von Weitem sahen und ihn nicht wiedererkannten, brachen sie in Tränen aus. Laut klagend zerrissen sie ihre Kleider und warfen sich Staub über den Kopf. Dann saßen sie sieben Tage und Nächte lang bei Hiob auf dem Boden. Keiner sagte ein Wort zu ihm, denn sie sahen, dass sein Leid zu groß war für Worte. (Hiob 2,12-13)

Hiobs Freunde sehen seinen Verlust, seinen Schmerz und sein Leid, und sie beschließen, einfach bei ihm zu bleiben. Sie haben keine Ideen, wie Hiob seine Situation ändern kann, sie erklären ihm nicht, wie und warum er in diesen Schlamassel geraten ist, und sie machen ihm auch keine Vorschläge, was er hätte anders machen können. Sie trauern einfach nur schweigend mit ihm.

Was hier im Buch Hiob beschrieben wird, ähnelt der jüdischen Praxis des Schiwa-Sitzens. Wenn jemand einen geliebten Menschen verloren hat, kommen nahe Angehörige zu ihm, trauern mit ihm und unterstützen ihn. Wenn ein Mensch, der uns nahesteht, Angst vor einer ungewissen Zukunft hat, ist eine der besten Möglichkeiten, wie wir uns um ihn kümmern können, einfach die, unsere Anwesenheit anzubieten und verfügbar zu sein – keine Ratschläge, keine Lösungen.

Gerade wenn wir uns von unseren Gefühlen überwältigt fühlen, sollten wir uns auf keinen Fall isolieren. Und wenn ein Mensch, den wir lieben, Probleme hat, ist es wichtig, ihn nicht allein zu lassen. Hiob brauchte seine Freunde, Jesus brauchte seine Freunde. Wir alle brauchen Menschen in unserem Leben, an die wir uns wenden können, wenn die Angst uns packt und zu überwältigen droht.

Je näher ich Jesus bin,
desto näher bin ich dem Frieden.

Impuls für dein Tagebuch

Wann hast du zugelassen, dass deine Ängste andere von dir wegstoßen? Was war das Endergebnis dieser Isolation? Welches Beispiel gibt es für eine angsterfüllte Situation, in der du deine Verletzlichkeit überwunden und dir Unterstützung bei einem vertrauten Menschen gesucht hast? Was war das Endergebnis dieser Nähe?

Gebet

Gott, danke, dass ich jederzeit zu dir kommen kann, zur Quelle meiner Hoffnung. Wenn meine Angst mich zu lähmen droht, bist du der Friede. Hilf mir, an jedem Tag deine Nähe zu suchen, weil ich weiß: Nur wenn ich nah bei dir bin, gibt es Hoffnung, dass ich Frieden finde. Ohne dich besteht keine Aussicht darauf. Amen.

Einheit 23

BETEN UND DANKEN

Sorgt euch um nichts, sondern betet um alles. Sagt Gott, was ihr braucht, und dankt ihm. Ihr werdet Gottes Frieden erfahren, der größer ist, als unser menschlicher Verstand es je begreifen kann. Sein Friede wird eure Herzen und Gedanken im Glauben an Jesus Christus bewahren.
Philipper 4,6-7

Ich glaube fest an die tiefe Verbundenheit von Geist, Körper und Seele. Das ist der Rahmen, in dem ich als Psychotherapeutin arbeite, und mit dieser Einstellung frage ich neue Patienten nach ihren spirituellen Überzeugungen.

Vor ein paar Jahren hatte ich eine neue Patientin. Nennen wir sie Mary. Ich hatte nicht das Gefühl, dass Mary in ihrem Leben jemals eine faire Chance bekommen hatte. Ihre schwierige Kindheit, in der sie auch Missbrauch erlebt hatte, führte schließlich in ein krisenreiches Erwachsenenleben, in dem sie sich nun als alleinerziehende Mutter täglich mit einem Haufen berechtigter Ängste herumschlug. Sie hatte aus vielen Gründen schwer zu kämpfen, einer davon war ihr dünnes soziales Netz. Mary war einsam.

Für eine ganze Weile war Marys Großvater für sie eine starke Stütze gewesen, aber er war etwa zwei Jahre vor der Geburt ihrer Tochter gestorben. In einem unserer Gespräche beschrieb Mary mir das Temperament ihres Großvaters als sanft, geduldig, friedlich und selten aus der Ruhe zu bringen. Und sie fragte sich, ob ihr Großvater vielleicht eine solche Persönlichkeit gehabt hatte, weil er ein gläubiger Katholik gewesen war und einen starken Glauben besessen hatte.

Sie hatte vor einiger Zeit begonnen, selbst eine Gemeinde zu besuchen, in der Hoffnung, dass sie sich dort geliebt, unterstützt und umsorgt fühlen würde. Außerdem hoffte sie, dort andere großherzige Seelen wie ihren Großvater zu finden, denn sie begann zu verstehen, wie schwierig es ist, das Leben allein zu meistern. Schließlich schloss sie sich sogar mit einigen anderen jungen Frauen einem Bibelgesprächskreis an. (Das war für sie absolutes Neuland; ich war so stolz auf sie, dass sie diese Initiative ergriff!)

Eines Tages erzählte Mary in dieser Bibelgruppe, dass sie mit Angstzuständen zu kämpfen hatte. Doch leider bekam sie daraufhin keine freundlichen Worte zu hören, sondern Verse wie Philipper 4,6 und Matthäus 6,25, die ihr anklagend erschienen. Daraufhin beschloss Mary, nicht mehr in diese Gemeinde zu gehen, und sie fragte sich sogar, ob Gott zornig auf sie sei, weil sie diese Angstzustände hatte.

Wenn du schon einmal unter Ängsten gelitten und in der Bibel nach Antworten gesucht hast, dann ist dir der oben zitierte Vers ganz sicher schon begegnet. Vermutlich hat dir jemand sogar durch das Zitieren dieses Verses das Gefühl gegeben, dass deine Angst eine Sünde sei.

Aber was sagt Paulus hier? Meint er, wir sollten uns buchstäblich niemals um irgendetwas Sorgen machen? Ich habe da meine Zweifel. Ein angstfreies Leben ist zwar etwas, was Gott sich sicherlich für uns wünscht, und etwas, worum es sich zu bemühen lohnt. Aber ein völlig angstfreies Leben ist eine unrealistische Erwartung, da wir alle mit einem angeborenen Stressreaktionssystem in diese Welt gekommen sind.

Auch wenn ich die Worte von Paulus hier nicht wörtlich nehme, sehe ich in diesem Vers einige weise Hinweise. Ich sehe die Betonung, die Paulus angesichts unserer Ängste auf Gebet und Dankbarkeit legt. Gottes größter Wunsch ist es, dass wir uns an ihn wenden, bevor die Lügen unserer Ängste seine Stimme übertönen. Wenn wir

Angst empfinden, sollen wir beten und nicht auf Facebook herumjammern; uns nicht bei unseren Kollegen beschweren oder auf zerstörerische Weise betäuben. Wir sollen uns vielmehr durch Gebet direkt an die Quelle unserer Hoffnung wenden.

Weiterhin ist in diesem Vers auch wichtig zu beachten, dass uns die Hinwendung zu Gott im Gebet nicht sofort von unserer Angst befreit. Garantiert dieses Bibelwort, dass unsere Ängste auf magische Weise verschwinden, sobald wir beten? Auf keinen Fall! Der Vers sagt uns vielmehr, dass wir ein Gespür dafür entwickeln werden, dass sich alles zu unserem Besten wendet. Und ich interpretiere es so, dass wir es sind, die durch das Gebet verändert werden, nicht unsere Umstände oder die jeweilige Situation.

Hier ist eine andere Übersetzung dieser Verse aus dem Philipperbrief, in der die Betonung von Gebet, Dankbarkeit und der Beziehung zu Gott besonders deutlich wird:

> *Seid froh und feiert fröhlich in jeder Jahreszeit des Lebens. Lasst eure Freude überströmen! Und lasst in allen euren Beziehungen Sanftmut walten, denn unser Herr ist immer nahe. Lasst euch nicht von allem Möglichen hin- und herzerren oder in Sorgen verstricken. Lebt jeden Tag durchtränkt vom Gebet, in dem ihr eure Bitten voller Glauben und mit überströmender Dankbarkeit vor Gott bringt. Legt alle Einzelheiten eures Lebens vor ihn hin, dann wird Gottes wunderbarer Friede, der das menschliche Verständnis übersteigt, euer Herz und euren Verstand durch Jesus Christus bewahren.*
> (Philipper 4,4-7; Übersetzung nach The Passion Translation)

Es ist eine Formel, die in der Theorie einfach, in der Praxis aber schwer umzusetzen ist: Jeder angstbesetzte Gedanke, der mir durch den Kopf geht, ist eine Erinnerung daran, zu beten und zu danken. Wenn ich das tue, wird sich schließlich Frieden einstellen. Jede Veränderung im Leben erfordert Übung, und je mehr wir üben, desto einfacher werden diese Bemühungen.

Wenn ich Angst empfinde,
sollte mich meine Intuition dazu bringen,
zu beten und zu danken.

Impuls für dein Tagebuch

Hat man dir schon einmal gesagt, deine Angstgefühle seien ein Zeichen für mangelnden Glauben oder eine Sünde? Wie hast du dich dabei gefühlt? Glaubst du, dass du sündigst, wenn du Angst empfindest?

Gebet

Lieber Vater, danke, dass du mich so sehr liebst, dass du dir das tägliche Gespräch mit mir wünschst. Tag für Tag gehst du mir nach. Ich kann immer noch nicht verstehen, warum du ausgerechnet mich unbedeutenden Menschen in deiner Nähe haben möchtest, mich, die immer noch so sehr die Alte ist. Bitte hilf mir, meine Ängste als tägliche Erinnerung daran zu nutzen, mich dir zuzuwenden und den Frieden zu finden, den du mir bringst. Amen.

Einheit 24

UMDEUTEN

Die mit Tränen säen, werden mit Jubel ernten.
Weinend gehen sie hinaus und streuen ihre Samen,
jubelnd kehren sie zurück, wenn sie die Ernte einholen.
Psalm 126,5-6

Früher habe ich Gott oft gefragt, warum ich eine Angststörung habe. Ich stellte ihm Fragen wie: „Wozu kann das gut sein? Was ist dein Plan mit meinen Ängsten? Wie lange soll ich sie noch ertragen?"

Vielleicht machst du alles richtig. Du hast dir einen Therapeuten gesucht, nimmst die Medikamente ein, die dir verschrieben wurden, und hast deinen Lebensstil geändert – trotzdem hast du Probleme. Du möchtest wissen, warum das so ist, aber du möchtest auch wissen, wann wird das alles vorbei sein? Wann du dich gesund, glücklich und sorglos fühlen wirst?

Wie oft bist du schon auf die Knie gegangen und hast unter Tränen um Befreiung von deinen Ängsten gebetet? Wie häufig hast du schon die Hoffnung verloren und dich gefragt, ob es immer so sein wird?

Zu wissen, warum etwas so ist, kann bei der Bewältigung von Ängsten sehr hilfreich sein, aber nicht immer bekommen wir auf diese Frage eine Antwort. Wir können jedoch sicher sein, dass Gott unsere Ängste zum Guten nutzen kann.

Mir gefällt in diesem Zusammenhang die Entschiedenheit von Josef gegenüber seinen Brüdern, die in 1. Mose 50,20 beschrieben wird: „Ihr hattet Böses mit mir vor, aber Gott hat es zum Guten gewendet; denn er wollte auf diese Weise vielen Menschen das Leben retten" (GNB). Deshalb begegne ich meinen Ängsten gern mit diesen Worten: „Du versuchst, mir zu schaden, aber Gott wird das irgendwie zum Guten wenden. Am Ende wird sich der Kampf gelohnt haben."

Manchmal empfinden wir ein Gefühl so stark, dass wir denken, dass wir immer so fühlen werden. Liebe Freunde, das ist nicht wahr. Emotionen belügen uns hin und wieder und ganz besonders unsere Angst. Gott aber verspricht uns Frieden. Vielleicht erleben wir ihn nicht auf die Art und Weise, die wir gut finden, oder zu dem Zeitpunkt, den wir uns wünschen, aber einmal wird der Friede da sein.

Das Bibelwort für diese Einheit aus den Psalmen redet von der Zeit der Ernte. Wir Christen lieben unsere Metaphern, und die Ernte ist eine dieser Metapher, die sehr oft verwendet wird. Säen und ernten gehören ebenfalls zu diesen häufig verwendeten Metaphern, und die mit ihnen verbundene Vorstellung, dass wir jetzt harte Arbeit für etwas leisten, das sich erst in ferner Zukunft auszahlen wird, lässt sich auch auf unsere Ängste anwenden.

So können wir im Warten Schönheit und auch Weisheit finden. Wenn unser Gebet um Heilung nicht sofort so beantwortet wird, wie wir es uns wünschen, ist es auch möglich, dass uns das Ausbleiben der Heilung auf irgendeine verborgene Weise vor etwas schützt. Wenn du jemals die Möglichkeit hattest, eine Therapie zu machen, dann bist du wahrscheinlich einer Technik namens kognitive Verhaltenstherapie (KVT) begegnet.

Die KVT ist großartig. Sie geht von der Annahme aus, dass, wenn sich unsere Denkmuster ändern, sich auch unsere Gefühlsmuster ändern. In der KVT wird viel mit dem sogenannten *Reframing* gearbeitet, also mit Umdeutung oder Neubewertung von kognitiven Verzerrungen, die dir möglicherweise nicht einmal bewusst sind, die du aber auf diese Weise loswerden kannst.

Unsere Angstgedanken fragen vielleicht: „Warum passiert das gerade mir?"

In einem solchen Fall können wir uns neu orientieren und umdenken, indem wir fragen: „Was lerne ich daraus? Wie entwickelt mich die Situation oder dieser Stressfaktor weiter? Bete ich darum, dass Gott meine Situation ändert, oder bete ich darum, dass Gott mich ändert?“

Es ist nun einmal so, dass Gott mit uns eine Geschichte schreibt, die wir im Moment nicht ganz überblicken können. Wir können unmöglich wissen, wie unser persönlicher Kampf mit der Angst anderen helfen oder welchen Nutzen der Kampf letztendlich für mich bringen wird.

Außerdem ruft Jesus uns auf, ein Leben in Fülle zu leben, und zwar jetzt – nicht, wenn wir geheilt sind, nicht, wenn wir das Gefühl haben, unsere Umstände und Ängste besser im Griff zu haben, und auch nicht an irgendeinem nebulösen Tag in der Zukunft, sondern *jetzt*.

Wir lesen folgende Worte Jesu im Johannesevangelium: „Der Dieb kommt, um zu stehlen, zu schlachten und zu vernichten. Ich aber bringe Leben – und dies im Überfluss“ (10,10, Hfa).

Wir nehmen gerne Abkürzungen, aber Gott führt uns über die Nebenstraßen, weil er alles im Blick hat: unsere Zukunft, unseren Frieden und den Menschen, zu dem wir werden können. Lernen wir, unsere Angst vor scheinbar unbeantworteten Gebeten umzudeuten, indem wir fragen: „Gott, wovor beschützt du mich durch meine Angst? Gott, was ist dein Plan für mich in dieser Lage? Gott, wie kann ich diese Situation und diesen Kampf nutzen, um anderen zu helfen, die sich auf einem ähnlichen Weg befinden? Wie kann ich das Leben in Fülle leben, gerade jetzt, mitten in meinem Kampf gegen die Angst?“

Wir können unsere Ängste sicherlich als Orientierungshilfe nutzen, die uns auf die Bereiche in unserem Leben hinweist, in denen wir nicht in der Fülle Gottes leben und die verändert werden müssen. Aber wir sollten auch überlegen, wie wir in Gottes Masterplan passen, anstatt zu versuchen, seinen Plan an unseren anzupassen.

Starke und negative Emotionen werden mir vorgaukeln, dass sie niemals enden werden, aber mich wird das Wissen beruhigen, dass es auch für mich Heilung geben wird.

Impuls für dein Tagebuch

Gibt es ein Beispiel für eine Situation, in der du das Gefühl hattest, dass Gott zu lange gebraucht hat, um ein Gebet zu erhören, insbesondere ein Gebet um Erleichterung oder Heilung von deinen Ängsten? Ist die Heilung schließlich eingetreten? Kam sie auf die Weise oder in der Form, wie du es dir gewünscht hast? Ist es möglich, dass Gott dich während des Wartens beschützt hat?

Gebet

Gott, danke, dass du mein Schutz bist. Du hast den Überblick und du siehst meine Zukunft, wie ich es nie könnte. Ich lerne, dir zu vertrauen, während ich darauf warte, dass du meine Bitte erhörst. Ich weiß, dass meine Heilung eines Tages kommen wird. Amen.

Einheit 25

AUSDAUER

> *Ist es nicht wunderbar, wie diese Betrübnis euch Gott nähergebracht hat? Ihr seid lebendiger, mitfühlender, sensibler, achtungsvoller, menschlicher, leidenschaftlicher, verantwortungsvoller geworden. Wie man es auch betrachtet, ihr seid reinen Herzens aus dieser Betrübnis hervorgegangen.*
> 2. Korinther 7,11 (nach MSG)

Die Aussage, die ich gleich machen werde, ist vielleicht die offensichtlichste Feststellung der Welt: Schmerz tut weh. Er ist unangenehm und empfindlich und kräftezehrend. Es ist nur natürlich, dass wir als Menschen versuchen, Schmerz um jeden Preis zu vermeiden. Auch chronische Ängste sind sicherlich schmerzhaft, denn all die mit ihnen einhergehenden Unsicherheiten ballen sich zu einer schweren Last zusammen.

Glaubst du mir, wenn ich sage, dass wir einem Erlöser dienen, der mit Schmerzen vertraut ist? Er liebt uns so sehr, dass er unseren Schmerz auf sich genommen hat, und deshalb ist er mit Leid gut vertraut. In Jesaja 53,4-5 lesen wir darüber:

> *Er nahm unsere Krankheiten auf sich und trug unsere Schmerzen. Und wir dachten, er wäre von Gott geächtet, geschlagen und erniedrigt! Doch wegen unserer Vergehen wurde er durchbohrt, wegen unserer Übertretungen zerschlagen. Er wurde gestraft, damit wir Frieden haben. Durch seine Wunden wurden wir geheilt!*

Wenn wir mit unseren Kämpfen zu Jesus gehen und schreien: „Das tut wirklich weh. Ich habe Schmerzen!", dann können wir darauf vertrauen, dass wir mit jemandem sprechen, der ehrlich sagen kann: „Ich verstehe das, weil ich es selbst erlebt habe."

Wenn wir unseren Schmerz durchstehen, uns damit anfreunden, dass wir uns nicht rundum wohlfühlen, und der Anleitung in dem oben stehenden Vers aus dem 2. Korintherbrief folgen, dass wir unsere Not dazu dienen lassen, Gott näherzukommen, dann ist das eine Vorbereitung für etwas Atemberaubendes. Wir sehen im Johannesevangelium ein eindrückliches Beispiel dafür, wie Schmerz etwas Wunderbares hervorbringen kann:

> *Wenn eine Frau entbindet, hat sie eine schwere Zeit, daran führt kein Weg vorbei. Aber wenn das Baby geboren ist, denkt sie mit Freude an die Geburt zurück. Dieses neue Leben auf der Welt lässt die Erinnerung an den Schmerz verschwinden. Die Traurigkeit, die ihr jetzt empfindet, ähnelt diesem Schmerz, aber auch die kommende Freude ähnelt dieser Freude. Wenn ich euch wiedersehe, werdet ihr voller Freude sein, und es wird eine Freude sein, die euch niemand rauben kann. Ihr werdet nicht mehr so viele Fragen haben.*
> (Johannes 16,21-23; nach MSG)

Es scheint, dass Gott viel mehr daran interessiert ist, unseren Charakter zu entwickeln, als alle Unannehmlichkeiten in unserem Leben zu beseitigen. Deshalb ist es mir wichtig, all diese Eigenschaften, die oben in unserer Lesung aus dem 2. Korintherbrief beschrieben wurden, zu haben: lebendig, mitfühlend, sensibel, achtungsvoll, menschlich, leidenschaftlich, verantwortungsvoll, rein, Gott nahe und auf dem Weg des Heils. Ich möchte so leben, dass ich nichts bereuen muss, aber auch lernen, für so manchen Schmerz dankbar zu sein.

Es hat eine Weile gedauert, bis ich so denken konnte, denn das Ziel ist nicht die vollständige Befreiung von der Angst, sondern die Nähe zu Gott. In der Nähe zu ihm liegt Kraft. Das lesen wir auch in Psalm 34,18: „Der Herr ist allen nahe, die verzweifelt sind; er rettet die, die den Mut verloren haben." Wenn wir leiden, ist er da. Punkt.

Es ist leicht, sich in einem Teufelskreis aus Vermeidung, Betäubung und Kontrolle zu verfangen. Wenn wir zulassen, dass unsere Ängste uns von Gott trennen, ist das verheerend. Aber wenn wir unsere Ängste als Sprungbrett nutzen, von dem aus wir näher zu Gott kommen, ernten wir viele Segnungen.

Wenn ich dem Schmerz nahe bin,
bin ich Gott nahe.

Impuls für dein Tagebuch

Was ist ein Beispiel dafür, dass du dich mitten in der Angst entschieden hast, Gott nahe zu sein? Hat es dir geholfen, deine Ängste zu lindern? Welche Erinnerungshilfen kannst du dir angewöhnen, die dir helfen, sofort Gott zu suchen, wenn deine Ängste dich überfallen?

Gebet

Himmlischer Vater, danke, dass du mir nahe sein willst. Was für ein Geschenk, dass du mich suchst und mir nachgehst – mir, mit all meinen Fehlern und Versäumnissen. Hilf mir, mich an diese Geheimformel zu erinnern: Der Schmerz, der mich zu dir treibt, wird eine Art von Heilung auslösen, die weit über alles hinausgeht, was ich zu brauchen glaube. Du weißt es am besten. Amen.

Einheit 26

ER MACHT ALLES NEU

Seht hin; ich mache etwas Neues; schon keimt es auf. Seht ihr es nicht? Ich bahne einen Weg durch die Wüste und lasse Flüsse in der Einöde entstehen.
Jesaja 43,19

Eine weitere Lieblingsklientin von mir ist jemand, die wir Sally nennen wollen. Sally hat viel durchgemacht. Sie wurde in ihrer Kindheit von ihrem leiblichen Vater missbraucht und war schon sehr jung eine alleinerziehende Mutter. Sie hat eine Reihe von unglaublich anstrengenden Berufen ausgeübt und einen Raubüberfall am Arbeitsplatz hinter sich, der ihre posttraumatische Belastungsstörung (PTBS) noch verschlimmert hat. Obwohl sie alles daransetzt, um ihre Angst zu überwinden, hat sie das Gefühl, keinen Raum zum Atmen und niemanden zu haben, an den sie sich wenden kann.

Sie fragt mich oft, ob ihre Angststörung schon zu weit fortgeschritten sei, sodass ihre Krankheit unheilbar ist. Sie fragt das, weil die Arbeit an ihrer Heilung hart ist und sich der Genesungsprozess normalerweise nicht gut anfühlt, wenn wir mittendrin stecken. Es kann sogar so schlimm sein, dass sich die Heilung anfänglich so anfühlt, als würde man an ihr zerbrechen.

Erst wenn wir auf der anderen Seite angekommen sind, sind wir froh, dass wir diese schwere Reise unternommen haben. Das ist das, was ich Sally sage und was ich auch dir sagen möchte: „Es gibt immer, immer Hoffnung. Gott macht alle Dinge neu. Er vollbringt

Wunder, die wir mit unserem kleinen menschlichen Verstand nicht begreifen können."

Das lesen wir auch in Kapitel 3, Vers 20 im Brief an die Epheser: „Gott kann unendlich viel mehr an uns tun, als wir jemals von ihm erbitten oder uns ausdenken können. So mächtig ist die Kraft, mit der er in uns wirkt" (GNB). Wie würde es aussehen, wenn du mit der Annahme durchs Leben gehen würdest, dass dein Kampf nur vorübergehend und dass Hilfe unterwegs ist? Wie sähe es aus, ständig die Hoffnung nicht loszulassen?

Wir dürfen auch diesen Vers aus dem Philipperbrief nicht vergessen (er gehört ebenso wie Johannes 3,16 und Jeremia 29,11 zu den Bibelhits, die auch Nichtchristen kennen oder schon mal gehört haben): „Alles ist mir möglich durch Christus, der mir die Kraft gibt, die ich brauche" (4,13). In demselben Kapitel der Bibel, das uns das berühmte „Sorgt euch um nichts"-Bekenntnis überliefert (Philipper 4,6), steht auch der berühmte Vers: „Alles ist mir möglich durch Christus, der mir die Kraft gibt, die ich brauche."

Die Abfolge dieser Verse ist kein Zufall. Christus weiß, was für ein Schlachtfeld unsere Gedanken sein können. Er ist hier, um uns auf unserem Weg zu helfen und zu unterstützen.

Wenn es uns ernst damit ist, dieses Auferstehungsleben, das uns in Christus angeboten wird, zu leben, sollten wir das durch unser Handeln zeigen, indem wir uns der Realität stellen und diese harte Aufgabe in Angriff nehmen.

Es gibt eine ewige, immerwährende Hoffnung für uns alle und du bist kein hoffnungsloser Fall, nur weil du mit chronischen Ängsten zu kämpfen hast. Gott kommt nie zu spät und fügt alle Dinge für dich zu deinem Besten. Bitte gib die Hoffnung auf ihn nicht auf. Und gib dich selbst nicht auf.

Hoffnung gibt es wirklich und Heilung ist möglich.

Impuls für dein Tagebuch

Wann hast du dich das letzte Mal wirklich hoffnungslos gefühlt? Was war das für eine Situation? Wie bist du mit diesen Gefühlen der Hoffnungslosigkeit umgegangen? Hat deine Herangehensweise zu den gewünschten Ergebnissen geführt? Inwiefern hätte die Situation sich anders entwickeln können, wenn du von der Hoffnung ausgegangen wärst?

Gebet

Lieber Vater, ich danke dir für deine Treue zu mir. Bitte vergib mir, wenn ich an dir zweifle. Bitte erinnere mich immer wieder daran, dass es Hoffnung gibt, denn ich bin vergesslich. Ich weiß, dass du immer das Beste für mich im Sinn hast. Amen.

Einheit 27

UMKEHR ZUM GEBET

„Aber selbst jetzt noch könnt ihr zu mir umkehren", sagt der Herr. „Wendet euch mir zu von ganzem Herzen, fastet, weint und klagt! Zerreißt eure Herzen und nicht eure Kleider!" Ja, kehrt um zum Herrn, eurem Gott! Ihr wisst doch: „Er ist voll Liebe und Erbarmen. Er hat Geduld, seine Güte kennt keine Grenzen. Das Unheil, das er androht – wie oft tut es ihm leid!" Vielleicht tut es ihm auch diesmal leid und er lässt auf euren Feldern und Weinbergen wieder eine Ernte heranwachsen. Dann könnt ihr ihm, eurem Gott, wieder Korn und Wein als Opfer darbringen.
Joel 2,12-14 (GNB)

Wir wohnen in einem Vorort von Cincinnati und dort findet man viele Restaurants mit einzigartigen, köstlichen Gerichten. Wir lieben unsere indischen Restaurants, peruanischen Lokale und deutschen Gaststätten. Und ein weiterer Favorit unserer Familie ist natürlich die Filiale der Restaurantkette *Chick-fil-A*.

Hast du schon mal gefastet, so richtig, ohne überhaupt etwas zu essen? Ich schon und es ist hart. Im Wesentlichen bedeutet Fasten, freiwillig für eine bestimmte Zeit auf Essen zu verzichten. Und in einem religiösen Kontext besteht das Ziel des Fastens darin, die Zeit und Energie, die man für die Zubereitung und den Verzehr von Lebensmitteln aufwenden würde, in eine religiöse Praxis zu investieren, zum Beispiel ins Gebet. Für Christen kann das Unbehagen, das man durch den Hunger empfindet,auch eine Erinnerung an das Leiden sein, das Jesus auf sich genommen hat.

In der Bibel gibt es viele Beispiele für das Ritual des Fastens. Dort sehen wir Menschen, die zum Lob Gottes fasten (Richter 20,26), aus Trauer (1. Chronik 10,12; 1. Könige 21,27), zur Intensivierung von Bitten (Esra 8,23; 2. Samuel 12,16), zur Bekräftigung eines Sündenbekenntnisses (1. Samuel 7,6) und zur Vorbereitung einer neuen Missionsreise (Apostelgeschichte 13,2-4).

Was wäre, wenn wir mit der Angst genauso umgehen würden wie mit dem Ritual des Fastens? Ich meine damit, sie wie den Hunger beim Fasten als einen Aufruf zum Gebet zu verstehen. Vielleicht sollten wir versuchen, unsere Angst als Impuls sehen, Gott zu suchen und uns ihm zu nähern, und ihn damit an die erste Stelle setzen. Gott möchte, dass wir uns an ihn wenden, ihr Lieben. Im 1. Petrusbrief 5,7 lesen wir: „Überlasst all eure Sorgen Gott, denn er sorgt sich um alles, was euch betrifft!"

Mit etwas Übung können wir lernen, ängstliche Gedanken im Gebet zu ersticken und zu Gott zurückzukehren. Wir können uns auf sein Erbarmen, seine Gnade und seine unermessliche, besondere, überschwängliche Liebe zu uns besinnen. Er möchte Gemeinschaft mit uns – wirklich! Gott will sich um unsere Trümmer, unsere Ängste, unsere Zweifel und alles, was dazugehört, kümmern. Und er wird uns nie und nimmer verlassen, egal wie chaotisch es in unserem Leben ist.

Ich verstehe, dass die Themen Essen und Nahrung für manche Menschen ein Trigger sein können. Wenn das auf dich zutrifft, möchte ich dich wissen lassen, dass du in meinem Herzen bist, während ich dies schreibe, und ich würde dich dringend bitten, einen Therapeuten aufzusuchen, der dir in diesem Bereich helfen kann.

So wie Hunger mich daran erinnert,
dass es Zeit zum Essen ist,
erinnern mich meine Angstgedanken daran,
dass es Zeit zum Beten ist.

Impuls für dein Tagebuch

Hast du schon mal gefastet? Wie war diese Erfahrung? Wie kannst du es dir zur Gewohnheit machen, dass – ähnlich wie die Übung des Fastens – auch deine Angstgedanken ein Impuls werden, um ins Gebet zu gehen?

Gebet

Gott, danke, dass du mich so geschaffen hast, dass es Freude macht, mich zu ernähren. Danke für einen starken Körper. Hilf mir, meinen Körper und meinen Verstand im Dienst für dich zu gebrauchen und den Drang der ängstlichen Gedanken zu stoppen, indem ich mich durch sie ins Gebet bringen lasse. Amen.

Einheit 28

KEINE VERLUSTE

„Sei stark und mutig! […] Hab keine Angst und verliere nicht den Mut, denn der Herr selbst wird vor dir hergehen. Er wird bei dir sein. Er wird sich nicht von dir zurückziehen und dich nicht im Stich lassen!“
5. Mose 31,7-8

Es ist ganz normal, dass man sich an einen nahestehenden Menschen wendet, um Trost zu finden, wenn man verletzt ist. Und es ist nur natürlich, sich noch verletzter zu fühlen, wenn diese Person unsere Ängste mit wenig einfühlsamen Ratschlägen abtut oder unseren Kampf herunterspielt. Hast du das auch schon erlebt? Vielleicht hast du schon mal den Mut aufgebracht, mit jemandem über deine Angststörung zu sprechen, und du hast in etwa Folgendes zur Antwort bekommen: „Du siehst aber nicht wirklich ängstlich aus. Außerdem hast du doch so viel, wofür du dankbar sein kannst. Im Grunde musst du einfach mehr beten; andere Leute sind weitaus schlimmer dran als du.“

Man muss schon sehr dazu bereit sein, sich verletzlich zu machen, um einem anderen Menschen gegenüber die eigenen Ängste einzugestehen, aber wenn dieser Mensch dann solche wenig hilfreichen Ratschläge gibt, kann das sehr entmutigend sein. Ich weiß zwar, dass mein Gegenüber dann meist gute Absichten hat und mir helfen will, meine Sorgen zu lindern, aber manchmal habe ich das Gefühl, die betreffende Person will mich nur dazu bringen, ruhig zu sein, damit sie sich nicht selbst beunruhigen muss.

Einer der schrecklichsten Ratschläge, die man jemandem geben kann, der mit Ängsten zu kämpfen hat, lautet: „Oh, mach dir keine Sorgen, das wird schon alles wieder!“ Stimmt! Mach dir keine Sorgen. Das ist ein brillanter Rat. Daran hatte ich noch gar nicht gedacht. „Mach dir keine Sorgen“ ist nicht nur unmöglich, sondern hat leider auch oft den gegenteiligen Effekt und führt dazu, dass ich mich noch mehr auf meine Sorgen fixiere.

In dem Bibelvers aus dem 5. Buch Mose, den ich für diese Einheit ausgesucht habe, lesen wir von Josuas Sorgen, als er in die Schlacht zieht. Das Unbekannte, die Ungewissheit und die Angst zu versagen fressen ihn auf. Er ist so jung, so unerfahren und fühlt sich wahrscheinlich schlecht gerüstet für diese neue Aufgabe. Mose versucht, sein Vertrauen zu stärken, und spricht Josua Mut zu: „Sei stark und mutig.“

Ich kann mir Josua in diesem Moment vorstellen. Verschwitzt und schmutzig in der Mittagssonne. Vielleicht ist er erschöpft von seiner Rüstung, müde vom Marsch durch die Wüste und ruhebedürftig, aber er weiß, dass erst einmal eine Schlacht gewonnen werden muss. Er versucht, sich auf die vor ihm liegende Aufgabe zu konzentrieren, während er sich bewusst ist, dass ganz Israel beobachtet, wie er diesen Auftrag, den er von Mose erhalten hat, ausführt. (Soziale Angststörung, kennt das vielleicht jemand?)

Wir lesen diesen Satz innerhalb weniger Kapitel sogar viermal: „Sei stark und mutig.“ Mose weiß, dass Josua Angst hat. Er fordert ihn nicht auf, seine Sorgen und Ängste abzuschütteln oder zu ignorieren. Vielmehr bestärkt er ihn, trotz seiner Angst mutig zu sein.

Erinnerst du dich an Einheit 8, als es darum ging, dass es möglich ist, zwei widersprüchliche Gefühle gleichzeitig zu empfinden? Wir können gleichzeitig Angst und Mut empfinden, uns ängstlich und hoffnungsvoll zugleich fühlen. Was wäre passiert, wenn Josua zu dieser Unternehmung Nein gesagt hätte; wenn er zugelassen hätte, dass seine Angst ihn von dem abhält, was Gott für ihn in Kanaan geplant hatte? Höchstwahrscheinlich hätte er dann wirklich etwas verpasst. Hätte er seiner Angst nachgegeben, hätte er das sehr bedauert. Diese Möglichkeit erinnert mich an eine Passage aus dem Lukasevangelium, Kapitel 12,29-32, zitiert nach der amerikanischen Bibelübersetzung *The Message*:

> *Worum es mir hier geht: Ich möchte euch dazu bringen, nicht so verbissen damit beschäftigt zu sein, Besitz zu erlangen, damit ihr auf das reagieren könnt, was Gott gibt. Menschen, die Gott und sein Wirken nicht kennen, machen um diese Dinge viel Wirbel, aber ihr kennt sowohl Gott als auch sein Wirken. Lasst euch durchtränken von Gottes-Realität, Gottes-Initiative, Gottes-Versorgung. Ihr werdet feststellen, dass für all eure menschlichen Belange gesorgt wird. Habt keine Angst, etwas zu verpassen. Ihr seid meine teuersten Freunde! Der Vater will euch sogar sein Königreich geben.*

Was für eine unglaubliche Aussage und Mahnung für uns in unserem andauernden Kampf mit der Angst. Der Vater will uns sogar sein Königreich schenken. Etwas Kühnes und Großartiges wartet auf uns, und wir wollen uns die großen Dinge, die unser Vater für uns geplant hat, nicht entgehen lassen.

*Ich werde nicht zulassen, dass die großen Dinge,
die Gott für mich geplant hat,
meiner Angst zum Opfer fallen.*

Impuls für dein Tagebuch

Was verlierst du durch deine Angst? Was raubt sie dir? Was ist ein Beispiel dafür, dass du deiner Angst nachgegeben und es später bereut hast? Was ist eine kühne Hoffnung oder ein Traum, den du aus

Angst nicht zu verwirklichen versuchst? Was sind drei konkrete Schritte, die du in den nächsten dreißig Tagen unternehmen kannst, um dieses Ziel dennoch zu erreichen?

Gebet

Gott, ich danke dir für deine ständige Ermutigung und deinen Plan für mein Leben. Hilf mir, mich ganz deinem Rhythmus anzugleichen und mich immer wieder daran zu erinnern, dass du die einzige Quelle für Mut und Kraft für mich bist, besonders in meinem Kampf gegen die Angst. Amen.

Einheit 29

GOTT SUCHEN

Der Herr spricht: „Ich will den erretten, der mich liebt. Ich will den beschützen, der auf meinen Namen vertraut. Wenn er zu mir ruft, will ich antworten. Ich will ihm in der Not beistehen und ihn retten und zu Ehren bringen. Ich will ihm ein langes Leben schenken und ihn meine Hilfe erfahren lassen."
Psalm 91,14-16

Erinnerst du dich noch an den Anfang dieses Buches, als wir darüber sprachen, dass wir beim Lesen von Verheißungen in der Bibel genau hinsehen müssen? Die oben zu lesende Stelle aus den Psalmen besteht zum Beispiel aus solchen Versen, die wir sorgfältig und mit Scharfsinn lesen sollten. Wenn wir sie zu schnell überfliegen oder einen Satz aus dem Zusammenhang reißen, könnten wir diese Stelle so interpretieren, dass wir nur Gott lieben müssen (und wie genau können wir das tun?), und dann haben wir Anspruch auf alles, was wir uns vom Leben wünschen. Diese Denkweise ist riskant, denn wenn die Erfüllung, die wir uns vom Leben erwarten, nicht eintritt, fühlen wir uns womöglich getäuscht und von Gott belogen.

Die hier zitierten Psalmverse werden von vielen Menschen benutzt, um bei Gott auf eine Heilung von Ängsten zu pochen, um ihm im Grunde zu sagen, dass er uns etwas schuldet. Sie können auch verwendet werden, um Menschen zu beschämen, die keine Besserung ihrer Angstzustände erfahren, denn sie sagen deutlich, dass Gott jeden erlösen wird, der ihn anruft, wenn er in Schwierigkeiten steckt. Und wenn er es bei mir nicht tut, dann mache ich eindeutig etwas falsch oder ich bin nicht würdig genug, richtig? Falsch.

Der folgende Vers aus Psalm 37,4 ist einer der größten Übeltäter, wenn es darum geht, uns glauben zu machen, wir würden etwas nicht richtig machen. Er redet uns ein, dass Gott uns nicht heilt, weil wir ihn nicht ehren: „Freu dich am Herrn, und er wird dir geben, was dein Herz wünscht."

Ich bin die Erste, die zugibt, dass ich dazu neige, mich nur auf die zweite Hälfte dieses Verses zu konzentrieren, auf den Teil, der besagt, dass ich bekomme, was ich will. Den ersten Teil, der eine Anweisung enthält, die ich befolgen muss, übersehe ich gern. Es ist viel angenehmer, sich darauf zu konzentrieren, dass ich eines Tages von meinen Ängsten geheilt werde, aber ich fokussiere mich nicht immer gern darauf, dass es Arbeit braucht, um dorthin zu gelangen.

Die folgende Version von Psalm 37,4 macht ein wenig deutlicher, dass das Ziel im Leben nicht darin besteht zu bekommen, was wir wollen, sondern darin, Christus ähnlicher zu werden: „Finde deine Lust und wahre Freude an Jahwe, und er wird dir geben, was du dir am meisten wünschst" (nach *The Passion Translation*). Indem wir uns stets darauf ausrichten, so zu denken und zu handeln wie Jesus, verändern sich unsere eigenen Wünsche und gleichen sich dem an, was Jesus will. Daran müssen wir uns jedes Mal erinnern, wenn wir uns in unseren ängstlichen Denkmustern gefangen fühlen.

Was ich mir früher am meisten wünschte, war völlige und andauernde Angstfreiheit. Was ich mir jetzt vor allem wünsche, ist Nähe zu Christus. Ich weiß, dass dies auf lange Sicht für mich am meisten Segen bringen wird.

Wenn ich mein Ziel nicht mehr in einem angstfreien Leben, sondern in einem Leben der Gottsuche sehe, werden sich meine Herzenswünsche ändern, und ich werde weniger Ängste erleben, da ich mehr mit Gott und seinen Plänen für mich in Einklang komme.

Impuls für dein Tagebuch

Gibt es Situationen, in denen du deinen eigenen Wünschen gefolgt bist, ohne zu überlegen, was Gottes Wunsch für dich gewesen wäre? Wie hat sich das ausgewirkt?

Gebet

Himmlischer Vater, danke, dass du dich so sehr um mich kümmerst. Ich suche dich und deinen Willen von ganzem Herzen, bitte hilf mir, dass wir eines Tages in allem, was mein Leben betrifft, übereinstimmen. Ich weiß, dass die Nähe zu dir dazu beitragen wird, meine Ängste zu lindern. Amen.

Einheit 30

HEIL, NICHT GESUND

Vor allen Leuten brachte die Frau stotternd ihre Geschichte vor – warum sie ihn angefasst und wie sie im selben Augenblick geheilt worden war. Jesus sagte zu ihr: „Tochter, du bist das Risiko eingegangen, mir zu vertrauen, und nun bist du heil und gesund. Leb wohl, leb als Gesegnete!“
Lukas 8,47-48 (nach MSG)

Heil und gesund. Diese besondere Wortkombination ist Musik in meinen Ohren. Heute, wo wir in Lukas 8 über die Heilung einer Frau lesen, ist ein guter Tag, um über den Unterschied zwischen heil sein und gesund sein zu sprechen. Was kommt dir in den Sinn, wenn du das Wort heil hörst? Und was meinst du, wenn du das Wort gesund verwendst? Meiner Wahrnehmung nach werden diese Wörter oft austauschbar verwendet, sie haben aber sehr unterschiedliche Bedeutungen.

Gesund beziehungsweise geheilt zu sein, bedeutet die vollständige Beseitigung von Symptomen oder einer Krankheit, so als hätte es sie nie gegeben. Ein Beispiel: Du bekommst eine Halsentzündung und nimmst Penicillin ein. Die Infektion verschwindet und du hast nie wieder mit den Symptomen zu kämpfen. Das ist für mich Gesundwerden. Angstzustände und Depressionen können nicht auf diese Weise behandelt und geheilt werden; aber Menschen können einen Zustand erreichen, in dem sie nicht mehr ständig damit kämpfen müssen.

Heil zu sein, ist jedoch etwas anderes, als gesund zu sein. Es bedeutet nicht unbedingt, dass es keine Krankheitssymptome mehr gibt, sondern heil zu sein, schließt eine Erneuerung des ganzen Menschen ein – von Leib, Seele und Geist –, sodass jemand im Frieden leben und seine Situation annehmen kann.

Ein Mensch kann also mit Krebs leben, aber in seiner Seele heil sein. Jemand kann sagen: „Es steht gut um meine Seele", auch wenn es seinem Körper nicht gut geht. Dabei ist wichtig zu verstehen, dass Heilung nicht der lineare Prozess ist, den die meisten von uns erwarten. Oft geht der Weg dorthin zwei Schritte vorwärts, einen Schritt zurück, oder zwei Schritte vorwärts, drei Schritte zurück. Es kann schwierig sein, das zu akzeptieren, aber am Ende lohnt es sich sehr.

Ich habe eine Patientin (nennen wir sie Anna), mit der ich schon seit mehreren Jahren arbeite. Seit sie ein Teenager war, hat sie mit ihrer Angststörung zu kämpfen, denn aufgrund ihrer Trauma- und Missbrauchsgeschichte fühlt sie sich hilflos, hoffnungslos, überfordert und ihren Umständen ausgeliefert. Ihre übermächtige Angst hat dazu geführt, dass sie versucht, ihr Leben auf jede Weise zu kontrollieren, die ihr möglich erscheint, zum Beispiel durch ihr Essverhalten. Anna wartet schon seit Jahrzehnten auf Heilung und so ist es kein Wunder, dass sie müde und erschöpft ist und sich verzweifelt nach Erleichterung sehnt. Sie erinnert mich an die Frau, von der in Lukas 8 berichtet wird.

Wir kennen den Namen dieser Frau nicht, aber wir wissen, dass sie seit Jahren an einer körperlichen Krankheit leidet – dem „Blutfluss", wie es in älteren Bibelübersetzungen heißt. Sie hat also keine psychische Krankheit, aber im Blick auf das dadurch ausgelöste Leiden gibt es keinen Unterschied zwischen körperlicher und seelischer Erkrankung. So sind beispielsweise Diabetes und Depressionen gleich zu gewichten und verdienen gleichermaßen eine Behandlung und Beachtung.

Wir lesen, dass diese Frau bei vielen Ärzten gewesen ist und dass niemand ihr helfen konnte. Sie hat viel Zeit und Geld investiert und nichts dafür bekommen. Als sie hört, dass Jesus ein Heiler ist und in der Stadt weilt, hat sie nur noch einen Gedanken: Jesus so nahe zu kommen, dass sie ihn berühren und gesund werden kann.

Die Geschichte dieser Frau hat ein glückliches Ende, doch das ist nicht bei allen Geschichten immer der Fall. Wie lange hast du auf die Heilung deiner Ängste gewartet? Wochen, Monate, Jahre? Ich weiß, dass du dich, wie Anna und wie die Frau in Lukas 8, vielleicht hoffnungslos fühlst und bereit bist, den Kampf aufzugeben.

Heilung ist harte Arbeit und geht meist mit einigen Unannehmlichkeiten einher, denn Veränderung ist schwer. Bitte gib nicht auf, denn es gibt Hoffnung und Heilung. Die Heilung kommt vielleicht nicht in dem Zeitrahmen, den du dir wünschst, aber sie wird kommen. In der Zwischenzeit besteht deine Aufgabe darin, beharrlich zu sein, den Glauben zu bewahren, Jesus um Hilfe zu bitten und anzunehmen, was immer er für dich bereithält. Gott ist absolut daran interessiert, dass du heil wirst, denn gnädig und gut ist unser Gott.

*Dass ich heute zu kämpfen habe,
besagt nichts darüber, ob ich in Zukunft
geheilt werde oder nicht.*

Impuls für dein Tagebuch

Wie lange hast du auf Heilung von deiner Angst gewartet? Hast du die Hoffnung aufgegeben? Hast du geglaubt, dass es vielleicht niemals eine Heilung für dich geben wird? Wie kannst du während des Wartens am Glauben festhalten? Wie kannst du Heilsein anstelle von Gesundsein zu deinem Ziel machen?

Gebet

Himmlischer Vater, danke, dass du uns so sehr liebst, dass du uns nie verlässt, auch nicht an unseren dunkelsten Tagen und in unseren heftigsten Kämpfen. Hilf mir, an dieser Wahrheit festzuhalten: Du hast Gutes mit mir vor. Amen.

ZWISCHENBILANZ NR. 3

Ich preise den Herrn, denn er gibt mir guten Rat.
Selbst nachts erinnert mich mein Gewissen an das,
was er sagt. Ich sehe immer auf den Herrn.
Er steht mir zur Seite, damit ich nicht falle.
Psalm 16,7-8

Anhand der folgenden Fragen kannst du eine Zwischenbilanz über die letzten zehn Tage mit diesem Andachtsbuch vornehmen. Vielleicht möchtest du deine Antworten in deinem Tagebuch festhalten.

- Welche drei Gedanken oder Ideen aus den letzten zehn Andachten haben dich am stärksten beeindruckt oder beeinflusst?
- Was sagt Gott dir gerade darüber, wie du mit deiner Angst zurechtkommst?
- Ausgehend von der Antwort auf die vorige Frage – wie kannst du deinen Umgang mit deinen Ängsten verbessern?

Einheit 31

BESTÄTIGUNGSFEHLER

Da Christus in euch lebt, wird zwar euer Körper aufgrund der Sünde sterben, aber durch den Geist empfangt ihr Leben, weil ihr von Gott gerecht gesprochen wurdet. Der Geist Gottes, der Jesus von den Toten auferweckt hat, lebt in euch. Und so wie er Christus von den Toten auferweckte, wird er auch euren sterblichen Körper durch denselben Geist lebendig machen, der in euch lebt.
Römer 8,10-11

Vor etlichen Jahren bereitete ich mich darauf vor, bei einer Präsidentschaftswahl meine Stimme abzugeben. Ich werde nicht sagen, wer zur Wahl stand oder für wen ich gestimmt habe, aber ich erinnere mich daran, dass der Kandidat, für den ich stimmen wollte, ein Selbstläufer zu sein schien – qualifiziert, selbstbewusst und auf einer Linie mit meinen Werten. Alle Zeitungsartikel, alle Fernsehinterviews, alle Debatten und alle meine Freunde in den sozialen Medien stimmten mit meiner Meinung überein, dass der von mir favorisierte Kandidat eindeutig die beste Person für den Job war.

Im Nachhinein musste ich feststellen, dass ich dem psychologischen Phänomen des Bestätigungsfehlers (*Confirmation Bias*) zum Opfer gefallen bin. Kennst du dieses Konzept? Es handelt sich dabei um ein psychologisches Phänomen und eine kognitive Verzerrung, bei der eine Person dazu neigt, Informationen so auszuwählen, zu ermitteln, zu interpretieren und sich daran zu erinnern, dass eine vorherige Überzeugung bestätigt wird. Dieser Bestätigungseffekt ist in praktisch all unseren Versuchen, die Welt und die Menschen zu verstehen, wirksam.

Lass uns dies ein wenig aufschlüsseln. Man sollte meinen, dass wir Menschen, bevor wir eine Entscheidung treffen oder uns eine Meinung bilden, sorgfältig Fakten sammeln, prüfen und abwägen, um dann auf der Grundlage der Sachlage eine logische Schlussfolgerung zu ziehen. Das ist jedoch oft nicht der Fall. Es scheint vielmehr so zu sein, dass wir uns zuerst eine Meinung bilden oder eine Entscheidung über etwas treffen und dann erst nach Belegen suchen, um diese zu untermauern. Das ist der Bestätigungsfehler.

In meiner Vorbereitung auf die Präsidentschaftswahl war es wahrscheinlicher, dass mir jede positive Information über meinen Kandidaten im Gedächtnis blieb, weil ich bereits entschieden hatte, dass er ideal war. Diese Denkweise ist jedoch besonders problematisch, wenn es darum geht, wie wir mit unseren Ängsten umgehen.

Hast du Angst davor, deinen Job zu verlieren? Dann wirst du mit größerer Wahrscheinlichkeit deine jährliche Leistungsbeurteilung als negativ interpretieren. Befürchtest du, dass dein Kind nicht versetzt wird? Dann wirst du die Kommentare des Lehrers eher als überkritisch interpretieren. Was sind deine Grundüberzeugungen über dich selbst, wenn es um deinen Kampf mit der Angst geht?

Welchen Effekt kann es haben, dass du bereits beschlossen hast, für immer ein Mensch mit Angstzuständen zu sein, dass Angst deine Identität ist und dass du immer damit zu kämpfen haben wirst? Richtig, dann wird dein Gehirn beständig nach Beweisen suchen, um deine Entscheidung zu untermauern und um diese Lüge zu bestätigen, die du bereits für die Wahrheit hältst. Wenn dann noch negative innere Monologe hinzukommen, wie ich sie in Einheit 6 beschrieben habe, ist das Rezept für eine Katastrophe perfekt!

Die gute Nachricht lautet: Du kannst diesen Kreislauf des negativen Denkens (oder „StinkThink“, wie mein Vater es nennen würde) umkehren. Das braucht Übung und Zeit, aber es ist möglich, dein eigenes Glaubenssystem infrage zu stellen – ein Glaubenssystem, das dich sogar ermutigt, mehr Angst zu empfinden. Wenn du nur nach dem Ausschau hältst, was du erwartest, entgeht dir das Überraschende und Unerwartete, und du merkst es vielleicht nicht einmal!

Eine Möglichkeit, deine Voreingenommenheit zu überprüfen, besteht darin, einen Menschen, dem du vertraust und der ein gesundes Urteilsvermögen besitzt, zu bitten, mit dir gemeinsam die Fakten zu prüfen. Die Chancen stehen gut, dass dieser Mensch in der Lage sein wird, das Thema objektiver anzugehen.

Hier gibt es Raum für Versöhnung. Was du über dich selbst oder über die Welt glaubst, ist vielleicht nicht die Wahrheit, also höre auf, so zu leben, als ob es so wäre. Prüfe die Fakten. Bekämpfe deine Angst, indem du sie durch Wahrheit ersetzt. Widerlege deine Art, negativ über dich selbst zu denken, indem du dich an Worte der Wahrheit Gottes hältst.

Die Angst wird schwinden, wenn die objektive Wahrheit in den Vordergrund tritt.

Impuls für dein Tagebuch

Welches Beispiel gibt es dafür, dass du zugelassen hast, dass deine Angstgedanken von Bestätigungsfehlern verstärkt werden? Warst du in dem Moment in der Lage, dies zu erkennen? Wenn ja, wie bist du damit umgegangen? Wenn nein, wie kannst du es beim nächsten Mal besser machen?

Gebet

Gott, danke, dass du unsere letzte Wahrheit bist. Die Welt mag versuchen, uns zur Strecke zu bringen, aber wir wissen, dass wir nicht für diese Welt geschaffen wurden. Hilf mir, meine eigenen angstbesetzten Gedanken zu überwinden, indem ich mich auf die Fakten deiner Wahrheit stütze. Amen.

Einheit 32

VERMEIDUNG

Ich habe euch vor Augen geführt, Geschwister, wie groß Gottes Erbarmen ist. Die einzige angemessene Antwort darauf ist die, dass ihr euch mit eurem ganzen Leben Gott zur Verfügung stellt und euch ihm als ein lebendiges und heiliges Opfer darbringt, an dem er Freude hat. Das ist der wahre Gottesdienst, und dazu fordere ich euch auf. Richtet euch nicht länger nach den Maßstäben dieser Welt, sondern lernt, in einer neuen Weise zu denken, damit ihr verändert werdet und beurteilen könnt, ob etwas Gottes Wille ist – ob es gut ist, ob Gott Freude daran hat und ob es vollkommen ist.
Römer 12,1-2 (NGÜ)

Die erste Reaktion auf Angst ist manchmal Vermeidung, nicht wahr? Schmerz ist schwierig und unangenehm. Weißt du noch, was du in Einheit 20 gelesen hast? Schmerz auszuhalten und zu bekämpfen, kostet viel Energie und Ausdauer. Stattdessen scheint es am einfachsten, die Quelle der Angst zu meiden oder uns ihr nicht mehr auszusetzen. Wir schwänzen vielleicht den Unterricht, bleiben von der Arbeit fern, vermeiden Einladungen oder schieben eine schwierige Aufgabe vor uns her. Vermeiden ist eine instinktive Reaktion, die uns in der Regel sofortige Ergebnisse oder die Erleichterung verschafft, nach der wir uns sehnen. Wir müssen uns nicht mit unangenehmen Symptomen wie Herzrasen, Schweißausbrüchen, dem Gefühl der Überforderung oder dem Stein im Magen herumschlagen.

Bei der Behandlung psychischer Erkrankungen sprechen wir viel über die Vermeidung von Auslösern. Belastende Symptome können zumindest kurzfristig unter Kontrolle gebracht werden, indem man Ereignisse oder Menschen meidet, die bei einem Angst auslösen. Das ist bei bestimmten Angststörungen – zum Beispiel bei einer traumabedingten Belastungsstörung – eine sinnvolle Empfehlung, aber bei einer generalisierten Angststörung schadet das Vermeiden auf Dauer mehr, als es nützt. Denn wenn Vermeidung die einzige Bewältigungsstrategie ist, die wir jemals gelernt haben, wird unsere Angst mit der Zeit nur noch schlimmer und lässt uns schließlich geschwächt und wehrlos zurück. Letztlich lehrt das Vermeiden unser Gehirn nur, noch mehr Furcht zu empfinden.

In der Vergangenheit, und wenn ich ehrlich bin auch heute noch, habe ich Vermeiden als Bewältigungsstrategie eingesetzt. Normalerweise ist das der Fall, wenn meine sozialen Ängste überhandnehmen. Es ist viel einfacher, eine Einladung zu einer Party abzulehnen oder in letzter Minute so zu tun, als wäre ein Kind krank. Und noch mal: Vermeiden bringt nur kurzfristige Erleichterung von Ängsten. Die Angstsymptome mögen zwar nachlassen, aber das ist nur vorübergehend. Leider verschlimmert sich aufgrund dieses Verhaltens langfristig die Angst, weil unser Gehirn uns immer und immer wieder in dieses Verhalten führt, jedoch die Ursache der Angst nicht verschwindet. Was können wir also tun?

Die Verse am Anfang dieser Einheit aus Römer 12 sagen uns, dass wir unser Leben Gott anvertrauen und es so führen sollen, dass er daran Freude hat. Das können wir tun, indem wir als Antwort auf Gottes Liebe zu uns herkömmliche Verhaltens- und Vorgehensweisen ablegen und unser Leben umgestalten lassen.

Hingabe anstelle von Vermeidung? Das ist leichter gesagt als getan. Meine Angstgedanken Gott überlassen? Das ist normalerweise nicht mein erster Impuls. Vielmehr besteht meine erste Reaktion darin, auf meine Panik zu hören, die manchmal einfach schrecklich laut und stark ist. Ich bin aber dabei zu lernen, dass die Ablenkungen in meinem Leben deshalb so laut sind, weil sie keine anderen

Ideen mehr haben, wie sie mich ködern können. Also greifen sie auf Heftigkeit und Lärm zurück.

Zum Glück weiß ich aber, was wahr ist:

- Wenn ich ratlos und unsicher bin, findet Gott mich.
- Wenn ich mitten in meiner Angst stecke, rettet er mich.
- Wenn ich mich überfordert fühle, kann ich mich daran erinnern, wie er für mich kämpft.

Selbst in den tiefsten Abgründen meiner Angst kann ich lernen, Gottes wunderbare Barmherzigkeit zu finden, sie zu benennen und mich ihm anzuvertrauen. Das wird mir ermöglichen, mich in die beste Version meiner selbst zu verwandeln, indem ich mich mehr auf das ausrichte, was er über mich sagt und wie er mich haben möchte.

Um meine Ängste zu bewältigen,
muss ich vermeiden,
ihre Auslöser zu vermeiden.

Impuls für dein Tagebuch

Wann hast du in der Vergangenheit die Vermeidung als deine wichtigste Bewältigungsstrategie eingesetzt? Hast du mit dem Mittel der Vermeidung die gewünschten Ergebnisse erzielt? Hast du durch das Vermeiden am Ende Ängste in Bezug auf andere Dinge entwickelt? Hast du in diesem Zusammenhang etwas bereut?

Gebet

Gott, danke, dass du mich liebst, durch all meine Zweifel, mein Vermeiden und meine Fluchtstrategien hindurch. Ich werde dir immer dankbar sein für deine Geduld mit mir, während ich dazulerne. Hilf mir, dich zu suchen und meine instinktive Vermeidungsstrategie zu lassen, wenn sie für mich langfristig nicht hilfreich ist. Wenn ich weglaufe, hilf mir, in deine Richtung zu laufen. Amen.

Einheit 33

RADIKALE AKZEPTANZ

Christus ist das Bild des unsichtbaren Gottes. Er war bereits da, noch bevor Gott irgendetwas erschuf, und ist der Erste aller Schöpfung. Durch ihn hat Gott alles erschaffen, was im Himmel und auf der Erde ist. Er machte alles, was wir sehen, und das, was wir nicht sehen können, ob Könige, Reiche, Herrscher oder Gewalten. Alles ist durch ihn und für ihn erschaffen. Er war da, noch bevor alles andere begann, und er hält die ganze Schöpfung zusammen.
Kolosser 1,15-17

Okay, Freunde, hier ist die harte Wahrheit, was das Thema Angst anbetrifft: Die Erwartung, dass wir ein völlig angstfreies Leben führen können, ist nicht realistisch. Wir werden unweigerlich hin und wieder Angst empfinden. Das ist eine Tatsache. Denn wir sind Menschen und keine Roboter. Als Menschen bestehen wir quasi aus Emotionen, die in eine Haut gepackt sind, schließlich bekommen wir unseren Körper nicht ohne unsere Gefühle. Und weil Angst eine natürliche, oft unvermeidliche Reaktion auf bestimmte Stressoren oder Situationen ist, sollte unser Ziel nicht darin bestehen, dass unsere Ängste vollständig und für immer verschwinden. Denn wenn dies unser Ziel ist, dann sind wir zum Scheitern verurteilt.

Unser Ziel sollte eher darin bestehen, einen Weg zu finden, mit unseren Ängsten umzugehen und eine Verringerung der Symptome zu erreichen. Wir haben nun einmal Emotionen, und unser oberstes Ziel sollte es sein zu lernen, diese in einem gewissen Rahmen zu steuern und gut mit ihnen umzugehen. Wenn wir uns dafür die Zeit nehmen, bewahrt uns das vor zahllosen Fehlentscheidungen oder ausschließlich emotionsgesteuerten Verhaltensweisen.

Hier noch eine weitere unbequeme Wahrheit: Manchmal müssen wir im Leben die beängstigenden Dinge tun, während wir noch Angst haben. Denn wenn du wartest, bis deine Angst vollständig verschwunden ist, bevor du beginnst, dein Leben zu leben, verpasst du so viel. Gib dir einen Ruck und tu die beängstigenden Dinge, solange du noch Angst vor ihnen hast, um dir selbst zu beweisen, dass du tatsächlich fähig dazu bist.

Im Rahmen der Dialektischen Verhaltenstherapie (Dialektisch-Behaviorale Therapie DBT) lehren wir eine Angstbewältigungsstrategie, die wir „radikale Akzeptanz" nennen. Radikale Akzeptanz bedeutet nicht, dass ich zulasse, dass meine Angststörung einfach vor sich hin wuchert, denn sie ist nicht gleichbedeutend mit Billigung. Akzeptanz führt vielmehr zu Problemlösungen.

Bei der radikalen Akzeptanz geht es darum, die Realität anzuerkennen und einen knallharten Weg zu ihrer Bewältigung einzuschlagen. Einige von uns müssen vielleicht radikal akzeptieren, dass die Angst für immer Teil unseres Lebens sein wird, ähnlich wie der Stachel im Fleisch von Paulus, von dem wir in 2. Korinther 12,7-8 lesen: „Wegen dieser außerordentlichen Offenbarungen und damit ich mir nichts darauf einbilde, wurde mir ein Handicap geschenkt, das mich ständig mit meinen Grenzen in Kontakt hält. Der Engel des Satans tat sein Bestes, um mich zu Fall zu bringen; was er in Wirklichkeit erreicht hat, war, mich auf die Knie zu bringen" (nach MSG).

Wir wissen nicht genau, was Paulus' Handicap war; die Bibel ist in dieser Hinsicht nicht sehr eindeutig. Was wir aber wissen, ist, dass Paulus intensiv und chronisch mit irgendeiner Beschwernis kämpfte, die ihn quälte, und er um Befreiung davon betete. Satan versuchte sogar, dies zu benutzen, um Paulus von Gott wegzutreiben, aber Paulus entschied sich, seinen Kampf zu verwenden, um sich zu Gott hintreiben zu lassen. Und wir können die gleiche Entscheidung treffen.

So etwas wie ein leichtes, bequemes Leben gibt es nicht und man kann nicht gleichzeitig Veränderung und Bequemlichkeit haben. Wachstum fällt einem nicht in den Schoß, sondern es erfordert Arbeit. Du musst tatsächlich an deiner Genesung arbeiten, denn Heilung geschieht nicht einfach oder passiv oder ohne große Anstrengung. Aber wenn die Heilung abgeschlossen ist, sind all die Unannehmlichkeiten, die nötig waren, um an diesen Punkt zu gelangen, es absolut wert gewesen. Ich kann das wirklich bestätigen.

Wo wir schwach sind, ist Christus stark. Wenn wir uns leer fühlen, füllt er uns wieder auf. Fühlen wir uns kaputt, erneuert er uns. Wenn wir spüren, dass der Druck aus allen Richtungen kommt und wir uns dem ausgeliefert fühlen, ist er standhaft und unerschütterlich und wird für uns kämpfen. Seine Gnade und seine Kraft werden immer ausreichen. Unsere unsicheren und wackeligen Versuche auf dem Weg zur Heilung werden eines Tages als Beweis dafür dienen, wie sehr sich unser Leben verändert hat, wenn Gott sein Wirken an uns vollenden konnte. Er liebt es, die Schönheit und den Erfolg seiner Kinder für alle sichtbar zu machen.

Unser Verstand sagt uns vielleicht, dass wir nicht gut genug sind, dass Gott an unserer Seite stehen könnte. Das ist eine Lüge. Er flüstert uns vielleicht auch ins Ohr, dass wir nicht schnell genug Fortschritte machen. Das ist ebenfalls eine Lüge. Jeder Schritt in die richtige Richtung ist wertvoll. Fortschritt ist Fortschritt.

Wie mein Vater immer wieder sagt: „Du bist nicht da, wo du sein willst, aber du bist auch nicht da, wo du einmal warst." Lass uns also den Raum zwischen „nicht mehr" und „noch nicht" würdigen, wenn es um unsere Genesung von der Angst geht.

Ängste sind für die meisten von uns ein chronischer Kampf. Jede Erleichterung erfordert harte Arbeit, Übung und Training. Der Glaube, dass Gott alles unter Kontrolle hat (was ich absolut glaube), und das Wissen, dass er alles zu meinem Besten fügen wird (was ich absolut weiß), entbindet uns nicht von der Verantwortung, weiter auf unser Ziel hinzuarbeiten. Seien wir mit uns selbst in diesem Prozess etwas gnädiger.

Vielleicht wird die Angst immer zu meiner Geschichte gehören, aber ich kann lernen, gut mit meinen Gefühlen umzugehen, während Gott diesen Teil meiner Geschichte zu meinem Besten und zum Besten seines Reiches nutzt.

Impuls für dein Tagebuch

Was ist die unbequeme Wahrheit, die du hinsichtlich deiner Ängste akzeptieren kannst? Was sind zwei Möglichkeiten, wie du besser mit deinen Gefühlen umgehen kannst? Bist du bereit zu akzeptieren, dass Ängste vielleicht immer zu deinem Leben gehören werden?

Gebet

Himmlischer Vater, danke, dass du mich durch meine Ängste hindurchliebst. Hilf mir zu verstehen, dass der Plan und die Zukunft, die du für mich hast, das Beste sind, auch wenn ich vielleicht nicht in der Lage bin, sie zu verstehen, weder jetzt noch jemals sonst. Du kennst meine Zukunft, denn du bist meine Zukunft. Amen.

Einheit 34

CHRISTUS ÄHNLICH WERDEN

Jesus fragte: „Jetzt glaubt ihr? Doch es kommt die Zeit – ja, sie ist schon angebrochen –, da werdet ihr zerstreut werden, und jeder wird seine eigenen Wege gehen und mich verlassen. Doch ich bin nicht allein, denn der Vater ist bei mir. Ich habe euch das alles gesagt, damit ihr in mir Frieden habt. Hier auf der Erde werdet ihr viel Schweres erleben. Aber habt Mut, denn ich habe die Welt überwunden."
Johannes 16,31-33

In Zeiten, in denen wir leiden, wollen wir wissen, warum. Viele meiner Patienten fragen mich immer wieder, warum sie weiterkämpfen und trotzdem weiterhin unter ihrer Angststörung leiden, Jahr für Jahr, mit immer den gleichen Stolpersteinen. Ich möchte dir hier einige Konzepte anbieten, die dir helfen sollen, deine Angst neu zu betrachten und die möglichen Gründe dafür zu verstehen.

Ein angstfreies, sicheres und bequemes Leben ist uns als Christen nicht versprochen. Die Heilige Schrift ist ziemlich klar in Bezug auf die Tatsache, dass es Leiden geben wird. Und egal, aus welcher Quelle es kommt – auch aus unseren angstbesetzten Gedanken –, als Christen können wir uns im Leiden mit Jesus identifizieren und daraus Ausdauer, Charakterstärke und Hoffnung entwickeln. Es gibt einige Lektionen, die mein störrisches Ich einfach nicht anders lernen will als dadurch, dass ich durch das Rote Meer meiner Ängste gehen muss.

Schmerz und Kampf sind nun einmal Teil dieser Welt und das gilt auch für uns. Jahr für Jahr durchlaufen Raupen eine wundersame

Metamorphose, die zwar beengend und unangenehm, aber auch lohnend und schön ist, wenn sie schließlich zu Schmetterlingen geworden sind. So kann unser Leid als etwas umgedeutet werden, das uns hilft, Christus ähnlicher zu werden. Und das sollte doch unser tägliches Ziel sein, oder?

Unser Leiden und Überleben in unserem Kampf mit der Angst können eine Vorbereitung darauf sein, eines Tages jemandem helfen zu können, der das Gleiche durchmacht wie wir. Es gibt da draußen andere wie dich, die wissen müssen, dass es möglich ist, ein Leben auch mit Angstzuständen zu führen. Betrachten wir unseren Kampf mit der Angst als eine Möglichkeit, andere auf ihrem Weg zur Heilung zu begleiten und zu ermutigen.

Die Bibel sagt uns auch, dass der Sinn unseres Leidens darin bestehen kann, dass Gott durch eine Heilung verherrlicht wird. In Johannes 9 steht die Geschichte von der Heilung eines blind geborenen Mannes durch Jesus. Die Jünger fragen Jesus nach dem Grund, warum ein Mann eine solche Behinderung hätte. Genau genommen scheinen die Jünger bereits zu wissen, wem sie die Schuld geben sollten. Aber Jesus sagt, weder der Mann noch seine Eltern hätten gesündigt. Mit anderen Worten: Weder der Mann selbst noch seine Eltern hatten Schuld, sondern diese Belastung, dieses Leiden, geschah, damit durch die Heilung des Mannes deutlich werden konnte, wie Gott ist und wie er handelt. Unsere Heilung von Angstzuständen könnte demnach ein Weg sein, auf dem Gott seine Macht erweist.

Wir können die Angst aber auch als ein Werkzeug betrachten, das der Teufel benutzt, um uns von Gott zu trennen – oder zumindest, um uns dazu zu bringen, an ihm zu zweifeln und ihn zu ignorieren. Das habe ich in meinem eigenen Leben erlebt. Denn ich habe die Angewohnheit, mir zu viele Gedanken zu machen und jedes mögliche Szenario durchzuspielen, womit ich mich letztlich aus der Spur werfen lasse. Dabei fixiere ich mich auf die Details, und der Teufel steckt gern in den Details. Obwohl mein Verstand weiß, dass ich zuerst beten sollte, tue ich es nicht, denn Satan ist ein Meister der Ablenkung. Je mehr ich darüber nachdenke, desto mehr empört es mich. Wie kann es jemand wagen, sich zwischen mich und meinen Erlöser zu stellen?

Wir wissen, dass Angst und Furcht zu den wirksamsten Werkzeugen des Teufels gehören, wie wir in 2. Timotheus 1,7 (GNB) lesen: „Der Geist, den Gott uns gegeben hat, macht uns nicht zaghaft, sondern er erfüllt uns mit Kraft, Liebe und Besonnenheit."

Wenn ich an das erdrückende Gefühl von Untergangsstimmung in Bezug auf die Zukunft und meine mich selbst entwertenden Gedanken denke, dann weiß ich, dass sie nicht von Gott kommen, meine Freunde. Gott schenkt uns einen Geist der Kraft und der Liebe, alles andere an Angst und Entmutigung ist vom Teufel, und er muss entmachtet werden.

Zweifellos kann unsere Angst dazu benutzt werden, uns von Christus zu trennen. Ein Grund mehr, mit unserer Angst zu brechen. Dies können wir tun, indem wir der Angst und dem, der sie als Waffe gegen uns einsetzt, widersprechen:

> *Lasst Gott seinen Willen in euch wirken. Schreit dem Teufel ein lautes Nein entgegen und dann seht zu, wie er sich rarmacht. Sagt ein leises Ja zu Gott, und er wird im Handumdrehen da sein. Hört auf, mit der Sünde zu kokettieren. Läutert euer inneres Leben. Stoppt eure Liebäugelei mit allen Optionen. Kommt auf den Boden der Tatsachen und weint euch die Augen aus. Der Spaß und die Spiele sind vorbei. Macht Ernst, wirklich Ernst. Geht vor dem Meister auf die Knie; nur so kommt ihr wieder auf die Beine.* (Jakobus 4,7-10, nach MSG)

Warum habe ich die Hoffnung, Frieden zu finden? Seinetwegen: „Ich will mich in Frieden hinlegen und schlafen, denn du allein, Herr, gibst mir Geborgenheit" (Psalm 4,9). Vergiss nicht: Gott möchte eine Beziehung zu uns haben!

Manchmal lässt er uns vielleicht kämpfen, damit wir uns zu ihm wenden. Lass uns eine Entscheidung treffen: Wir werden Gott mehr vertrauen als unserer Angst.

*Wenn ich das Gefühl habe, dass ich leide,
werde ich in dem Wissen Ruhe finden,
dass ich Christus ähnlicher und
in der Nachfolge Jesu reifer werde.*

Impuls für dein Tagebuch

Welche der Erklärungen für ein Warum, die in der heutigen Andacht genannt wurden, spricht dich am meisten an? Wie kannst du diese neue Einsicht nutzen, um dein Denken über deine Angststörung neu auszurichten?

Gebet

Gott, ich danke dir für das ultimative Opfer, das nur durch Leiden erreicht werden konnte. Ich vergesse so leicht, was du mir geschenkt hast; hilf mir, mich täglich daran zu erinnern. Du bringst die Angst zum Schweigen. Hilf mir, die Sicht auf mein Leiden zu ändern und es im Kontext deiner Liebe mit neuen Augen zu sehen. Amen.

Einheit 35

GESCHICHTE

Ich will den Herrn allezeit loben
und nie aufhören, ihm zu danken.
Allein den Herrn will ich loben;
die Mutlosen sollen es hören und sich freuen.
Kommt, lobt mit mir die Größe des Herrn,
lasst uns gemeinsam seinen Namen ehren!
Ich betete zum Herrn, und er antwortete mir
und befreite mich von allen meinen Ängsten.
Die von ihm Hilfe erhoffen, werden vor Freude strahlen,
und sie werden nicht vor Scham erröten.
Es schrie einer zum Herrn in seinem Leid, und er hörte ihn
und rettete ihn aus allen seinen Ängsten.
Psalm 34,1-6

Meine persönlichen Ängste bestehen aus einer Menge katastrophaler Gedanken und dem Versuch, alles vorherzusehen, was schiefgehen könnte. Wenn ich etwas vorhersehen kann, kann ich planen und es abwenden. Ich kann mich emotional auf das vorbereiten, was passieren könnte, und werde nicht überrumpelt. Logisch, oder?

Manchmal denke ich, dass meine Tendenz, die schlimmsten Dinge, die passieren könnten, vorherzusehen, ein Schutz ist, zum Beispiel wenn meine Familie für einen Campingausflug packt. Wir wollen unbedingt vermeiden, mitten im Wald festzusitzen, unvorbereitet auf alles, was in der Natur auf uns zukommen kann, also ist mein

Weltuntergangsdenken in einer solchen Situation hilfreich. Aber diese Art zu denken, ist nicht hilfreich, wenn ich in die Augen meiner zwölfjährigen Tochter schaue, die zufällig eine umwerfende Schönheit ist, und mir all die schrecklichen Dinge vorstelle, die ihr passieren könnten, wenn sie erwachsen ist und eines Tages aufs College geht.

Wenn mein Katastrophendenken einsetzt, muss ich es aus der Bahn werfen, bevor es zu weit fortschreitet. Aber wie mache ich das? Wenn die Angst ständig meine Aufmerksamkeit auf meine Hirngespinste lenkt und meine Furcht sie wie eine Tatsache erscheinen lässt, kann ich dem entgegenwirken, indem ich mir einige knallharte Fakten anschaue. Ich zwinge mich dann, mich an all die Zeiten zu erinnern, in denen meine schlimmsten Gedanken und Ängste sich nicht bewahrheitet haben. Außerdem versuche ich, mich an all die Gebete in meinem Leben zu erinnern, die erhört wurden, anstatt mich auf die zu konzentrieren, die nicht erhört wurden. Darüber hinaus denke ich an all die Zeiten, in denen ich mir das Schlimmste vorgestellt habe und nichts davon eingetreten ist, und die Begebenheiten, in denen alles durch die Gnade Gottes zu meinen Gunsten ausgegangen ist. Und ich erinnere mich daran, dass ich eine bestimmte Situation oder einen bestimmten Umstand überlebt habe, um mir bewusst zu machen, dass ich auch dieses Mal überleben werde.

Was ich mir mehr als alles andere wünsche, was meinen Kampf mit der Angst betrifft, ist Freiheit und dass ich diese Freiheit dann nutze, um anderen zu dienen, wie wir es in Galater 5,13 lesen:

> *Ihr seid berufen, liebe Freunde, in Freiheit zu leben –*
> *nicht in der Freiheit, euren sündigen Neigungen nachzugeben,*
> *sondern in der Freiheit, einander in Liebe zu dienen.*

Es fällt mir schwer, in angstauslösenden Situationen das Gute und Positive zu sehen, und ich vergesse vor Angst leicht die Geschichte meines Überlebens, daher möchte ich mich besser daran erinnern können. Eine meiner Geheimwaffen, die mir beim Erinnern helfen, ist, die guten Dinge aufzuschreiben. Ich vergesse so leicht und ich brauche diese visuellen Erinnerungen wirklich. Möglicherweise könnte das auch für dich funktionieren. Es muss nichts Ausgefallenes oder Ausgefeiltes sein. Vielleicht eine kurze Notiz am Rand deiner Bibel, ein positiver Post auf Facebook oder ein Eintrag in deinem Tagebuch.

Unterm Strich gilt: Wir wollen kein Leben voller „Was wäre wenn"-Szenarien führen und uns auf alles konzentrieren, was schiefgehen könnte. Stattdessen können wir unser Leben in der Freiheit erleben, von der im Galaterbrief die Rede ist, und uns emotional verfügbarer machen, um den Menschen in unserem Umfeld Liebe zu schenken.

Um aufzuhören, ein Leben des „Was wäre wenn" zu führen, muss ich Wahrheit und Tatsachen in den Blick nehmen.

Impuls für dein Tagebuch

Was sind zwei Beispiele aus der letzten Zeit, in denen du dir das schlimmste Szenario ausgemalt hast? Wie ist die Situation ausgegangen? Hat sich deine schlimmste Befürchtung bewahrheitet? Wie kannst du mehr Freiheit gewinnen, um andere zu lieben?

Gebet

Gott, ich bin manchmal so kurzsichtig. Stärke mein Gedächtnis, damit ich mich leicht an die Zeiten erinnern kann, die ich überlebt habe. Ich weiß, dass es diese Zeiten gibt, aber ich bin so vergesslich. Danke für deine allgegenwärtige Hilfe. Ich brauche dich nur zu bitten und du bist da. Amen.

Einheit 36

UMFASSENDE INFORMATION

Der Geist Gottes lässt als Frucht eine Fülle von Gutem wachsen, nämlich: Liebe, Freude und Frieden, Geduld, Freundlichkeit und Güte, Treue, Bescheidenheit und Selbstbeherrschung. Gegen all dies hat das Gesetz nichts einzuwenden.
Galater 5,22-23

Ich weiß nicht, wie viele von euch, meine Leserinnen, Kinder haben oder, falls ja, wie alt sie sind. Ich selbst jedenfalls bin ein Neuling im Blick auf die Erziehung von Teenagern. Falls du es noch nicht weißt, darf ich dich aufklären? Teenager können launisch sein. Wenn mein Kind also von der Schule nach Hause kommt und melancholisch oder gereizt ist und sich nicht auf ein Gespräch mit mir einlassen will, setzt meine Angst ein, und ich denke sofort etwas wie: *Er ist auf Drogen. Er wird gemobbt. Er hasst mich. Ich bin eine schreckliche Mutter.*

Die Realität ist aber, dass ich für all diese Gedanken nicht alle nötigen Informationen habe, denn im Leben meines Kindes könnte alles Mögliche vor sich gehen. Anstatt also über das schlimmstmögliche Ergebnis zu grübeln, muss ich mir klarmachen, dass das im Moment total unsinnig ist.

Das ist mein neuester Merksatz und eine meiner Lieblingsmethoden, um meine Ängste zu bekämpfen. Sobald ich merke, dass meine Angstgedanken mich überwältigen, sage ich mir: „Ich habe nicht alle relevanten Informationen."

Diese Art zu reagieren, ist in einer ganzen Reihe von Situationen sehr hilfreich: Wenn ich Angst empfinde. Wenn ich kritisch drauf bin. Wenn ich mich verurteilt fühle oder andere verurteile. Wenn ich alle Was-wenn-Szenarien durchspiele. Wenn ich erschrocken bin. Wenn ich „Vergleichen" spiele.

Ich kann nicht alles wissen. Es ist einfach nicht möglich, alle Facetten einer Situation zu verstehen und zu wissen, was im Kopf eines anderen Menschen vorgeht und welche Faktoren und Kräfte dabei eine Rolle spielen. Das Leben ist vielschichtig und manchmal ist es kompliziert. Der Satz: „Ich habe nicht alle relevanten Informationen", lässt mich fragend bleiben. Und diese Aussage ist der Startschuss für eine Suche nach Fakten, denn sicher gibt es eine andere Erklärung als die, die ich mir gerade zusammenbastele, eine andere Schlussfolgerung als die, zu der ich vorschnell komme. „Ich habe nicht alle relevanten Informationen", kann sogar zu einem Gespräch mit jemandem und schließlich zu Empathie und Verbindung führen.

Jedenfalls weiß ich eines: Eine uninformierte, vorgefasste Meinung und meine eigene vermaledeite Unwissenheit dienen nur dazu, mein Herz zu verhärten. Ich will nicht hartherzig sein, stattdessen möchte besser denken und besser empfinden und selbstlos und offen sein. Das ist der Weg, auf dem ich an dieses Ziel zu gelangen versuche: „Ich habe nicht alle relevanten Informationen."

In der oben erwähnten Situation mit meinem verschlossenen Teenagersohn habe ich diese Taktik angewandt, und nachdem meine Erkundungsmission abgeschlossen war, stellte sich heraus, dass er ein bisschen mürrisch war, weil er Hunger hatte. Nun, das ist ein Problem, das ich lösen kann!

Es ist leicht, das zu fürchten, was wir nicht verstehen. Wir können dieses Konzept auch nutzen, um unsere Kommunikation mit anderen zu verbessern, und das wiederum wird auch unsere Angst verringern. Wir können zu anderen sagen: „Im Moment erfinde ich da so eine Geschichte, dass …", und dann unsere Angstlüge benennen.[5] Das ist eine Praxis, die uns angreifbar macht, aber wenn wir es wagen, sie einzusetzen, eröffnet das die Chance, dass die Menschen in unserem Umfeld unsere Angstfantasien durch die Realität korrigieren.

Und wenn wir Gott diese Chance geben, kann auch er die Lügen über uns selbst, über die Welt und unser Umfeld korrigieren. Dann kann ich mehr von den Früchten des Geistes in meinen Gedanken und Verhaltensweisen erkennen. Vielleicht sehe ich sogar mehr von den Eigenschaften, von denen ich im Galaterbrief gelesen habe, in mir. Warum sollte ich nicht geduldiger, freundlicher und sanfter zu den Menschen sein wollen, die ich liebe?

Gott liebt uns so sehr. Er will das Beste für uns, so wie Eltern das Beste für ihre Kinder wollen. Wenn wir ihn suchen, kann er uns helfen, Fakten von Fiktion zu unterscheiden. Er kann uns helfen zu verstehen, was Wahrheit ist und was eine Lüge aus dem Abgrund der Hölle. So kämpfen wir unsere Schlachten: Wir ersticken die Angst, indem wir sie durch die Wahrheit ersetzen.

Wenn eine Situation mich beängstigt, muss ich mir bewusst machen, dass ich vielleicht nicht alle Informationen habe.

Impuls für dein Tagebuch

Was ist ein Beispiel für ein Ereignis oder eine Situation aus der vergangenen Woche, zu der du nicht alle Fakten kanntest? Hast du versucht, die Lücken selbst zu füllen, ohne vorher weitere Informationen einzuholen? Wie hat sich das für dich ausgewirkt? Wie kannst du es beim nächsten Mal anders machen?

Gebet

Gott, ich danke dir für deinen Geist und deine göttliche Liebe. In allem bist du meine Konstante, mein Lohn und das Gute in meinem Leben. Hilf mir, darauf zurückzuschauen und nie zu vergessen, wie du mich gerettet hast. Amen.

Einheit 37

DIE HOFFNUNG FEIERN

Nachdem wir durch den Glauben von unserer Schuld freigesprochen sind, haben wir Frieden mit Gott durch unseren Herrn Jesus Christus. Er hat uns die Tür zu diesem neuen Leben geöffnet. Im Vertrauen haben wir dieses Geschenk angenommen, auf das wir uns jetzt gründen. Und mehr noch: Wir werden einmal an Gottes Herrlichkeit teilhaben. Diese Hoffnung erfüllt uns mit Freude und Stolz.
Römer 5,1-2 (Hfa)

Vorweg eine Triggerwarnung: In dieser speziellen Andacht geht es um sexuellen Missbrauch in der Kindheit und um das Ritzen (eine Form der Selbstverletzung). Mir ist klar, dass einige von euch vielleicht nicht wissen, dass das Ritzen für manche Menschen eine Form der Bewältigung von Stress jeglicher Ursache ist. Wenn du dich jedoch bei diesem Thema unsicher fühlst, solltest du diese Andacht überspringen.

Ich behandle eine meiner Patientinnen nun schon seit fünf Jahren. Nennen wir sie Antonia. Antonia hat schreckliche Misshandlungen in ihrer Herkunftsfamilie überlebt. Nachdem ihre leibliche Schwester und ihr Vater gestorben waren, wurde sie von ihrem Stiefbruder und ihrer Stiefmutter seelisch, körperlich und emotional gequält und schließlich an einen Mann verkauft, der Kinder versklavt hat.

Aus diesem Grund ist es völlig verständlich, dass Antonia unter schweren und überwältigenden Angstzuständen leidet. Aufgrund dieser Angst ist sie jeden Tag verstört und trotzdem versucht sie, gute Entscheidungen zu treffen und ihr Leben wieder in den Griff zu bekommen, aber manche Tage sind für sie wirklich schwer. Dann ist ihr Schmerz so groß, dass sie sich in die Haut schneidet. Solche und andere Selbstverletzungen wie, sich selbst Verbrennungen zuzufügen, das Ausreißen der Haut oder der Haare sind nicht gesund. Ich verstehe, dass Antonia damit nicht unbedingt versucht, sich Leid zuzufügen oder gar sich umzubringen; sie versucht nur, einen Weg zu finden, den überwältigenden, alles verzehrenden Schmerz in ihrem Herzen zu lindern. Wir finden alle unsere eigenen Wege, um den Schmerz unserer Ängste zu bewältigen.

Aufgrund von Antonias erschütternder Vorgeschichte habe ich keinen logischen Grund zu glauben, dass ihr Zustand sich bessern, ihr Leben einfacher werden oder sie gar geheilt wird. Ähnlich schwer zu glauben ist, dass jemand, der einen solchen körperlichen Schaden erlitten hat, überhaupt überleben wird. Wie kann ein Mensch auch nur ansatzweise eine solche Misshandlung hinter sich lassen? Bitte vergleiche jetzt deine Geschichte nicht mit der von Antonia und glaube dann, dass deine eigenen Ängste grundlos sind, weil dein Trauma oder die Ursache deiner Angst anders aussehen als die von Antonia. Wir haben alle unsere eigenen Probleme und Gott kümmert sich um jeden Einzelnen von uns.

Aus meiner professionellen Sicht weiß ich, dass ich von meiner beruflichen Warte nicht viel für Antonia tun kann, denn sie hat mittlerweile alle möglichen Behandlungsmethoden ausprobiert. Doch wenn ich ihr das sagen würde, hätte ich die Befürchtung, dass sie sich das Leben nehmen würde. Im Glauben aber weiß ich, dass bei meinem Gott nichts unmöglich ist und dass auch Antonia eine wundersame Lebensveränderung erfahren kann.

Aber was, wenn die Befreiung von ihren Ängsten nicht in diesem Leben eintritt? Was ist, wenn die Erleichterung nicht zu dem Zeitpunkt eintritt, den wir uns erhoffen? Bleiben wir Gott dann trotzdem treu wie die Männer im Buch Daniel, die vor ein Ultimatum gestellt werden: sterben oder einen anderen Gott anbeten?

Schadrach, Meschach und Abednego antworten König Nebukadnezar: „Deine Drohung bedeutet uns nichts. Wenn du uns ins Feuer wirfst, kann der Gott, dem wir dienen, uns aus deinem brüllenden Ofen und allem anderen, was du aushecken könntest, retten, oh König. Aber selbst wenn er es nicht tut, ergäbe das keinen Unterschied, oh König. Wir würden trotzdem nicht deinen Göttern dienen oder das goldene Standbild anbeten, das du aufstellst.“ (Daniel 3,16-18, nach MSG)

Werden wir die Kraft und Reife haben, unserer Angst zu sagen: „Ich weiß, dass Gott mich retten wird, aber selbst wenn er es nicht tut, werde ich ihm vertrauen.“? Ich hoffe es. Ich ermutige Antonia weiterhin, in ihrem Kampf gegen die Angst nicht aufzugeben. Und ich sage ihr – und ich sage es jetzt auch dir: „Bitte gib nicht auf. Diese Nacht wird nicht andauern. Unser Gott ist ein Gott, der für uns sorgt. Er ist unser Jahwe Shalom. Er lässt sich nicht aufhalten. Nicht eine einzige Sekunde lang hat er dich vergessen.“

Gott schreibt unsere Geschichten neu. Er macht aus Staub wunderschöne Dinge. Er kann sicherlich das Chaos meines Lebens und meinen Kampf mit der Angst nehmen und es in etwas Glänzendes verwandeln. Aber selbst wenn er das nicht tut, bleibe ich immer noch bei ihm.

Auch wenn meine Heilung von meiner Angststörung noch in weiter Ferne zu liegen scheint, kann ich trotzdem die Hoffnung, die ich habe, in den Blick nehmen und sie feiern.

Impuls für dein Tagebuch

Wenn du ehrlich bist, worauf setzt du deine Hoffnung? Was kann dir helfen, damit du wieder Hoffnung für deine Zukunft empfindest?

Gebet

Gott, danke für dein ewig gültiges Angebot an Hoffnung, Wahrheit und Leben. Wenn es nichts Gutes in mir gibt, bist du das Gute. Richte meine Augen auf dich. Du sagst mir, wer ich bin, und du erinnerst mich daran, dass dieser Schmerz nicht von Dauer sein wird. Hilf mir in der Zeit des Wartens. Amen.

Einheit 38

EIN AUSGEWOGENES LEBEN GESTALTEN

Erkennt ihr denn nicht, dass ihr der Tempel Gottes seid und dass der Geist Gottes in euch wohnt? Gott wird jeden ins Verderben stürzen, der diesen Tempel verdirbt. Denn Gottes Tempel ist heilig, und ihr seid dieser Tempel.
1. Korinther 3,16-17

Ich habe letzte Woche meine Patientin Kathrin zu ihrer Abschlussbesprechung gesehen. Bei ihrem ersten Termin bei mir war sie sehr niedergeschlagen, denn in den zurückliegenden zwei Jahren hatte sie eine Totgeburt, den Verlust ihres Arbeitsplatzes und einen Einbruch in ihr Haus erlebt.

Aufgrund all dieser traumatischen Erfahrungen war sie depressiv und litt unter Angstzuständen, was es ihr erschwerte, morgens aus dem Bett zu kommen. Auch äußerlich konnte man sehen, dass es ihr nicht gut ging, denn sie hatte enorm an Gewicht verloren, weil sie eine Zeit lang nichts mehr aß. Aufgrund ihrer Symptome hatte sie versucht, bei verschiedenen psychiatrischen Einrichtungen Hilfe zu bekommen, aber sie erhielt dabei keinerlei Unterstützung von ihrer Familie. Stattdessen sagten sie ihr, dass sie, weil sie doch Christin sei, einfach mehr beten und glauben solle, dann würde sie geheilt werden. Unnötig zu sagen, dass dies kein hilfreicher Rat für Kathrin war. Also arbeiteten wir gemeinsam an anderen Möglichkeiten, wie sie mit ihren überwältigenden Gefühlen umgehen konnte.

Eines Tages stürmte sie mit einer großartigen Nachricht in mein Sprechzimmer: Sie würde sich fühlen, als könne sie Bäume ausreißen. Nicht auf eine euphorische, sondern auf eine friedliche Art und Weise. Wie hatte Kathrin diesen Umschwung geschafft? Ihr Geheimnis liegt in der sogenannten Selbstfürsorge und der Anwendung einiger Grundprinzipien nach der Methode der Dialektischen Verhaltensänderung, dazu gehören:

- körperliche Krankheit behandeln,
- Ernährung ausgewogen gestalten,
- stimmungsverändernde Drogen vermeiden,
- ausreichend schlafen,
- mehr Bewegung.

Selbstfürsorge ist heutzutage ein sehr trendiges Thema, oder? Wenn du im Internet nach den besten Methoden der Selbstfürsorge suchst, erscheinen Millionen von Ergebnissen. Und die oben genannten Anregungen, diese durchzuführen, sollten wir auf jeden Fall im Blick haben und umsetzen. Auch die Bibel hat zu diesem Thema was zu sagen, und so lernen wir aus dem oben zitierten Vers aus dem 1. Korintherbrief, dass unser Körper ein Tempel ist, ein Ort der Anbetung, weil Gott in uns wohnt. Das wiederum sollte uns dazu veranlassen, uns um unseren Tempel zu kümmern.

Gott beauftragt uns damit, dass wir uns um seine Schöpfung kümmern, und dieses schließt uns selbst mit ein. Im Neuen Testament finden wir sogar mehrere Beispiele dafür, wie Jesus seine Anhänger ermutigt auszuruhen, zu schlafen und zu essen. Ja, er selbst zog sich immer wieder von den Menschen zurück, um Zeiten der Einsamkeit zu erleben.

Auch wir sollten lernen, für uns selbst zu sorgen, damit wir wiederum für andere sorgen können. In diesem Zusammenhang sind die beiden wichtigsten Gebote in der ganzen Bibel die Liebe zu Gott und die Liebe zu anderen. Man kann nun einmal nichts aus einem leeren Becher einschenken; man muss sich um sich selbst kümmern.

In der Bibel gibt es ein anschauliches Beispiel für den Schaden, den ein Mangel an angemessener Selbstfürsorge anrichtet, und zwar in der Geschichte des Propheten Elia. Er ist so verzweifelt, dass er Gott bittet, ihm das Leben zu nehmen:

> *Als Elia sah, wie es um ihn stand, rannte er um sein Leben nach Beerscheba, weit im Süden von Juda. Er ließ seinen jungen Diener dort zurück und ging dann eine weitere Tagesreise in die Wüste. Er kam zu einem einsamen Ginsterstrauch, brach in seinem Schatten zusammen und wollte am liebsten alles hinter sich lassen – einfach sterben: „Genug davon, Gott! Nimm mein Leben – ich bin bereit, meinen Vorfahren ins Grab zu folgen!" Erschöpft schlief er unter dem einsamen Ginsterstrauch ein.* (1. Könige 19,3-5; nach MSG)

Im weiteren Verlauf der Geschichte kommen Engel und versorgen Elia mit Wasser und frisch gebackenem Brot, woraufhin er für mehrere Stunden schläft. Als er aufwacht, fühlt er sich erfrischt, gestärkt und motiviert, sodass er vierzig Tage und Nächte zu einem heiligen Ort namens Horeb wandert.

Aber leider kann das Ritual der Selbstfürsorge auch eine schwierige Gratwanderung sein. Oftmals erlebe ich in der Praxis, dass sich Menschen unter dem Vorwand der Selbstfürsorge vor ihrer Verantwortung drücken. Lass es mich noch einmal wiederholen, und bitte höre auf das, was mir wirklich am Herzen liegt: Selbstfürsorge ist keine Ausrede, um sich vor der eigenen Verantwortung zu drücken, sie aufzuschieben oder sich rücksichtslos zu verhalten. Etwas zu tun, was dir im Moment ein gutes Gefühl gibt (wie ein Kaufrausch), dich aber später belastet (wie ein überzogenes Bankkonto), ist keine echte Selbstfürsorge.

Ich möchte dir deshalb die ultimative Form der Selbstfürsorge vorschlagen. Sie besteht darin, das Leben so zu gestalten, dass wir uns nicht davon erholen müssen. Wir müssen aufhören, unser Überbeschäftigtsein zu verklären und unsere Erschöpfung als Ehrenzeichen vor uns herzutragen. Stattdessen ist es wichtig, gesunde Grenzen im Umgang mit unserer Zeit zu setzen und zu lernen, unser Leben zu entrümpeln und wieder ins Gleichgewicht zu kommen. Wir können um den Frieden Gottes beten, aber wenn wir keinen Raum haben, in dem dieser Friede sich ausbreiten kann, wird er nicht anhalten.

Die größte Leistung unserer Selbstfürsorge besteht darin, ein Leben zu gestalten, von dem ich mich nicht erholen muss.

Impuls für dein Tagebuch

Was sind zwei deiner bevorzugten Formen der Selbstfürsorge? Handelt es sich dabei um echte Selbstfürsorge? Wie kannst du Selbstfürsorgerituale wie regelmäßige Bewegung, gute Ernährung und erholsamen Schlaf in dein Leben integrieren?

Gebet

Gott, ich danke dir für das Geschenk meines Körpers. Mein Körper sieht vielleicht nicht so aus oder fühlt sich nicht so an, wie ich es mir wünsche: Aber ich weiß, dass es ein Geschenk ist, jeden Tag morgens aus dem Bett zu kommen. Hilf mir, richtige Entscheidungen zu treffen, wie ich gut für mich sorge. Amen.

Einheit 39

MEDIKAMENTE

Dann spuckte Jesus auf die Erde, vermischte den Lehm mit seinem Speichel zu einem Brei und strich ihn dem Blinden auf die Augen. Daraufhin sagte er zu ihm: „Geh und wasch dich im Teich Siloah." Da ging der Mann und wusch sich und kam sehend zurück!
Johannes 9,6-7

Meine Klienten, die Christen sind, fragen mich oft: „Ist es in Ordnung, wenn ich Medikamente gegen meine Angstzustände nehme?", denn sie zögern manchmal, zu Medikamenten zu greifen. Sie sind der Meinung, dass wir uns in Bezug auf unsere Heilung nicht ganz auf Gott verlassen, wenn wir das tun. Leider wird vielen Christen das Gefühl vermittelt, dass die Einnahme von Medikamenten ein Zeichen von Schwäche oder mangelndem Glauben sei. Das folgende Zitat bringt das Problem auf den Punkt:

> *In vielen christlichen Kreisen ist dieses Thema [die Einnahme von Antidepressiva und ähnlichen Medikamenten gegen emotionale oder seelische Schmerzen] mit viel Scham und Schuldgefühlen verbunden. Warum? Weil wir, wenn es um unser Herz und unsere Seele geht, eine unterschwellige Botschaft hören, die besagt: „Deine Beziehung zu Jesus reicht für all deine Bedürfnisse (Herz und Seele)." Was dabei aber mitschwingt, ist, dass unsere emotionalen und seelischen Schmerzen nichts anderes sind als geistliche Probleme […] Ich habe zahllose Geschichten gehört, wie liebevolle und*

wohlmeinende Christen in Leitungspositionen mit Berufung auf diese „Jesus ist genug"-Perspektive anderen raten, die Einnahme von Medikamenten zu vermeiden oder abzubrechen und ihre seelische und emotionale Heilung einfach von Gott zu erwarten.[6]

Es macht mich sehr traurig, dass Menschen unter Druck gesetzt werden, ein Medikament zu meiden oder abzusetzen, das ihnen in ihrem Kampf gegen ihre Angstzustände helfen könnte. Ja, es ist in Ordnung, als Christ Medikamente gegen Angstzustände zu nehmen, denn sie sind eines der vielen Mittel, die Gott uns zur Verfügung gestellt hat, um Ängste zu bekämpfen.

In dem Bibelvers für diese Einheit in Johannes 9 heilt Jesus einen Blinden, indem er auf den Boden spuckt und einen schlammigen Brei herstellt, den er dann auf die Augen des Blinden legt, um ihn zu heilen. Musste Jesus Schlamm verwenden, um diesen Mann zu heilen? Nein. Er hätte befehlen können, dass der Mann geheilt wird, aber er tat es nicht. Er benutzte ein Hilfsmittel. Und wenn es darum geht, Angst zu bekämpfen, sind Medikamente eines der vielen Hilfsmittel in unserem Werkzeugkasten. Ein solches Hilfsmittel zu verwenden, macht dich nicht schwächer als jemanden, der sich für andere Werkzeuge entscheidet.

Die Entscheidung, Medikamente für die psychische Gesundheit zu nehmen, ist eine zutiefst persönliche Entscheidung, bei der es viel zu bedenken gibt. Wenn du die Einnahme von Medikamenten als Teil deines Behandlungsplans in Betracht ziehst, dann solltest du ein paar Dinge wissen.

Es gibt keine Wunderpillen, aber Medikamente können vielen Menschen helfen, ihre Ängste zu begrenzen, und das tun sie auch. Ich verwende in diesem Zusammenhang gerne die Metapher vom Aufräumen eines unordentlichen Schreibtisches. Stell dir einmal vor, du würdest noch einmal zur Schule gehen. Am nächsten Tag ist eine umfangreiche Hausarbeit fällig und du hast sie bis zur letzten Minute aufgeschoben. Stell dir außerdem vor, du willst dich an deinen Schreibtisch setzen, um mit der Arbeit zu beginnen, und dabei stellst du fest, dass dein Arbeitsplatz völlig verwüstet ist: überall liegt Essen, Kram, Staub und Müll. Daraufhin wird dir klar, dass du in einer solchen Umgebung niemals produktiv sein kannst. Du benötigst jetzt erst mal eine kleine Renovierung deines Schreibtisches, um deine Arbeit erledigen zu können, oder? Nun, stelle dir jetzt noch vor, du hättest dabei einen Helfer.

Medikamente können ein solcher Helfer sein. Sie können deinen unordentlichen Schreibtisch aufräumen, sodass du deine Hausarbeit fertigstellen kannst. Die Medikamente schreiben die Hausarbeit nicht für dich, denn die harte Arbeit musst du immer noch selbst erledigen, aber die Medikamente helfen, einen klaren Kopf zu bekommen und die Symptome bis zu einem gewissen Grad zu kontrollieren, sodass du dich stärker und zuversichtlicher fühlst, deine Arbeit erledigen zu können. Leuchtet das ein?

Und noch etwas solltest du bedenken: Glück und Freude kann man nicht in einer Tablette finden. Glück und Freude können nur von Christus kommen.

Medikamente können eine gesunde Selbstfürsorge und eine gute Entscheidungsfindung nicht ersetzen. Und wenn deine Angst damit zusammenhängt, dass du dich schlecht um deinen Körper gekümmert hast, wird eine winzige Pille dieses Problem nicht lösen. Medikamente können also hilfreich sein, um unangenehme Gefühle zu betäuben, aber manchmal betäuben sie auch Gefühle, die du eigentlich fühlen willst und auch solltest. Dann kann es angebrachter sein, zu weinen und dieses Gefühl zuzulassen, damit du später an der Situation arbeiten kannst.

Oft muss man auch ein bisschen herumprobieren, um das richtige Medikament für sich zu finden, denn jede Erleichterung, die dir ein Medikament verschafft, muss es wert sein, dafür die Nebenwirkungen in Kauf zu nehmen. Ich erkläre meinen Klienten immer, dass Medikamente dazu beitragen können, dass sie in etwa das erreichen, was sie mit ihrer krankhaften Symptomkontrolle erreichen möchten, aber von da aus müssen sie den Rest des Weges ihre eigenen Strategien zur Bewältigung der Angst anwenden.

Medikamente gegen Angstzustände einzunehmen, macht mich nicht zu einem schlechteren Christen.

Impuls für dein Tagebuch

Ist die Einnahme von Medikamenten gegen deine Ängste der nächste Schritt auf deinem Genesungsweg? Was könnte dich davon abhalten, diesen Schritt zu tun?

Gebet

Gott, danke, dass du mich in all meinen Kämpfen und Prüfungen liebst. Hilf mir zu erkennen, ob die Einnahme von Medikamenten der nächste logische Schritt auf meinem Weg aus der Angst ist. Und hilf mir, mich während des gesamten Prozesses auf dich zu stützen. Amen.

Einheit 40

ANDEREN EINE STÜTZE WERDEN

Die Liebe ist geduldig und freundlich.
Sie ist nicht neidisch oder überheblich, stolz oder anstößig.
Die Liebe ist nicht selbstsüchtig. Sie lässt sich nicht reizen,
und wenn man ihr Böses tut, trägt sie es nicht nach.
Sie freut sich niemals über Ungerechtigkeit,
sondern sie freut sich immer an der Wahrheit.
Die Liebe erträgt alles, verliert nie den Glauben,
bewahrt stets die Hoffnung und bleibt bestehen,
was auch geschieht.
1. Korinther 13,4-7

Vielleicht hast du dieses Buch nicht in die Hand genommen, weil du selbst mit chronischen Ängsten zu kämpfen hast, sondern weil ein geliebter Mensch darunter leidet und du so viel wie möglich lernen wolltest, um ihn besser unterstützen zu können. Wenn du selbst von einer Angststörung betroffen bist, kannst du diese Einheit gerne mit einem Menschen teilen, der dich unterstützen möchte.

Ich weiß, dass du helfen möchtest. Du siehst diese Menschen in ihrem Umfeld und irgendetwas ist nicht in Ordnung. Etwas hat sich verändert. Er oder sie scheint nicht mehr er selbst zu sein. Deshalb möchtest du helfen, ohne dadurch die Situation zu verschlimmern, aber vielleicht fehlen dir noch die richtigen Worte. Du weißt nicht, wie du deine Beobachtungen und Sorgen zur Sprache bringen sollst.

Meine erste Empfehlung wäre: Prüfe deine Motive. Geht es dir wirklich darum zu helfen? Oder liegt dein Motiv darin, dein eigenes

Unbehagen irgendwie zu lindern, um die Wirkung, die das Leid des anderen auf dich hat, abzuschwächen? In diesem Zusammenhang solltest du dir einen Moment Zeit nehmen, um darüber nachzudenken, was wahre Liebe ist. Der zu dieser Einheit gehörende Bibelvers aus 1. Korinther 13 kann dabei als Anregung dienen. Denn von Angststörungen betroffene Menschen müssen vor allem wissen, dass sie wirklich geliebt sind.

Hier sind ein paar Dinge, die du nicht zu einem Menschen sagen solltest, der mit Ängsten oder anderen psychischen Problemen zu kämpfen hat:

- „Man sieht dir gar nicht an, dass du depressiv bist oder Angstzustände hast." – Ängste sind wie alle psychischen Erkrankungen meistens unsichtbar. Deshalb müssen wir vorsichtig sein, einen Menschen rein nach seinem äußeren Erscheinungsbild zu beurteilen. Man kann unmöglich wissen, was im Kopf und im Herzen einer anderen Person vor sich geht, wenn man sie nur ansieht.
- „Aber du hast doch so viel, worüber du dich freuen kannst." – Diese Art von Kommentar neigt dazu, den Schmerz, den jemand durchmacht, zu bagatellisieren. Das ist ein sicherer Weg dahin, dass der andere sich dir nie wieder anvertrauen wird.
- „Anderen geht es viel schlechter als dir." – Auch das ist eine Verharmlosung des Schmerzes.
- „Ich weiß genau, wie du dich fühlst." – Das mag der Fall sein, aber diese Art von Aussage lenkt die Aufmerksamkeit auf dich selbst. Gib stattdessen dem Menschen, der sich dir anvertraut, Raum. Es erfordert Mut, sich jemandem gegenüber zu öffnen und über die eigenen Ängste zu sprechen.
- „Du musst einfach nur … mehr glauben, mehr beten, mehr Vertrauen haben." – Das ist wahrscheinlich der schnellste Weg, um zu garantieren, dass diese Person sich nie wieder an dich wendet.

Hier sind alternative Aussagen, die du stattdessen verwenden kannst:

- Ich bin für dich da, wenn du mich brauchst.
- Du bist stark und ich glaube an dich.
- Du wirst geliebt.
- Bitte gib nicht auf. Du bist nicht allein.
- Wenn du nicht mehr da wärst, würde ich dich wirklich vermissen.

Die letzte Aussage ist besonders wichtig für jemanden, der mit Selbstmordgedanken zu kämpfen hat. Denn die Lüge depressiver Angstzustände lautet: „Wenn ich nicht mehr da wäre, wäre es für die anderen leichter, weil ich dann keine Last mehr wäre." Dies ist eine absolute Lüge, der deutlich widersprochen werden muss, und zwar hörbar für die Menschen, die ihr zu unterliegen drohen. Die dagegengesetzte Wahrheit aber kann Leben retten.

Wenn du nicht sofort weißt, was du sagen sollst, ist das nicht schlimm. Allein deine Anwesenheit kann schon beruhigend sein. Es ist in Ordnung, nichts zu sagen und einfach nur für diese Person da zu sein.

Ich bin in der Lage, für Menschen in meinem Umfeld, die mit Ängsten zu kämpfen haben, eine Stütze zu sein.

Impuls für dein Tagebuch

Wen kennst du in deinem Umfeld, der mit Ängsten zu kämpfen hat? Wie kannst du diesem Menschen in dieser Woche spürbar helfen? Welche Worte wirst du verwenden, um ihm zu zeigen, dass du dich um ihn kümmerst?

Gebet

Gott, danke für die Menschen, die ich lieben kann und die du in mein Leben gestellt hast. Hilf mir, sensibel für ihre seelischen Nöte zu sein, ihre Ängste zu erkennen, das zu sagen und zu tun, was sie am meisten beruhigt, und mich dabei auf dich zu verlassen. Amen.

ABSCHLUSSBILANZ

Unbeirrt habe ich auf den Herrn gehofft,
auf seine Hilfe habe ich gewartet.
Er hat mein Schreien gehört und hat mir geholfen.
Ich sah mich schon im Grabe liegen,
ich sah mich im Sumpf versinken;
doch er hat mich herausgezogen
und mich auf Felsengrund gestellt.
Jetzt kann ich wieder sichere Schritte tun.
Psalm 40, 2-3 (GNB)

Anhand der folgenden Fragen kannst du ein Fazit hinsichtlich der vierzig Tage ziehen, in denen du dich mit diesem Buch beschäftigt hast. Vielleicht möchtest du deine Antworten in deinem Tagebuch festhalten.

Welche drei Gedanken oder Ideen in diesem Buch haben dich am stärksten beeindruckt oder beeinflusst?

Wie hat sich deine Sicht auf die Angst seit der ersten Zwischenbilanz verändert?

- Was sagt dir Gott darüber, wie du mit deinen Ängsten umgehst?
- Ausgehend von der Antwort auf die vorige Frage – wie kannst du deinen Umgang mit deinen Ängsten verbessern?

NACHWORT

Wir haben es bis zum Ende dieses Andachtsbuches geschafft, Freunde. Und rückblickend denkst du vielleicht: Das habe ich doch alles schon mal gehört, Amanda. Ich dachte, ich würde etwas Neues lernen. Nun, es gibt nichts Neues unter der Sonne und vielleicht hast du eher eine Lücke in der Selbstdisziplin als eine Wissenslücke. Schauen wir uns dazu den folgenden Abschnitt aus Römer 7 an:

> *Ich begreife mich selbst nicht, denn ich möchte von ganzem Herzen tun, was gut ist, und tue es doch nicht. Stattdessen tue ich das, was ich eigentlich hasse. Ich weiß, dass mein Handeln falsch ist, und gebe damit zu, dass das Gesetz gut ist. Aber ich kann mir selbst nicht helfen, weil die Sünde in mir mich zum Bösen verleitet. Ich weiß, dass ich durch und durch verdorben bin, soweit es meine menschliche Natur betrifft. Denn immer wieder nehme ich mir das Gute vor, aber es gelingt mir nicht, es zu verwirklichen. Wenn ich Gutes tun will, tue ich es nicht. Und wenn ich versuche, das Böse zu vermeiden, tue ich es doch. Aber wenn ich tue, was ich nicht will, dann tue nicht ich es, sondern die Sünde in mir.* (V. 15-20)

Kannst du dich mit dem, was Paulus in diesem Abschnitt beschreibt, identifizieren? Du weißt, was du tun musst, aber du kannst es anscheinend nicht umsetzen. Oder vielleicht tust du das Gegenteil dessen, wovon du weißt, dass es das Beste für dich ist. Nun, an dieser Stelle möchte ich über das Thema der Verhaltensaktivierung sprechen. Dieses Thema gilt nicht nur für Angstzustände, sondern für jede Situation, in der wir unser Verhalten oder unsere Reaktionen ändern müssen.

Die Theorie der Verhaltensaktivierung besagt im Wesentlichen, dass die Gefühle den Handlungen folgen und nicht andersherum. Die Verhaltensaktivierung lehrt uns demnach: Wenn wir uns in ganz kleinen Schritten einem Ziel nähern und es erreichen, kommen die guten Gefühle aber erst im Nachhinein. Wir können dieses Konzept auf Ängste anwenden, indem wir uns in kleinen Schritten unserem Ziel nähern, eine angstauslösende Situation zu bewältigen, wohl wissend, dass wir uns erst dann gut fühlen werden, wenn wir die Aktion erfolgreich abgeschlossen haben. Gefühle folgen dem Verhalten.

Wir haben in der Behandlung der psychischen Gesundheit einen langen Weg zurückgelegt. Aber wir haben noch einen weiten Weg vor uns – vor allem im christlichen Kontext. Ich möchte es noch einmal wiederholen, liebe Freunde: Wenn du Angstzustände erlebst, macht dich das nicht zu einem schlechten Christen. Es bedeutet nicht, dass Gott zornig auf dich ist oder dass deine Angstgedanken und -gefühle Sünden sind.

Wenn du hier mit mir am Küchentisch sitzen könntest, würde ich mich jetzt vorbeugen, deine Hand ergreifen und dir von Angesicht zu Angesicht sagen, wie sehr du geliebt und geschätzt bist. Du hast die Kraft der Auferstehung in deinen Adern, meine Freundin. Du besitzt ganz sicher die Fähigkeit, deine Ängste zu meistern.

Ich hoffe, dass die Worte in diesem Buch – Worte, die von Herzen kommen – für dich auf deinem Weg zu mehr Angstfreiheit hilfreich waren. Es ist mein größter Wunsch, dass du einen guten Umgang mit deinen täglichen Ängsten einüben kannst, indem du dich auf Gottes Verheißungen sowie auf die Kraft verlässt, die dir durch seine Liebe zufließt. Weil du sein Kind bist, steht dir die Macht der Auferstehung zur Verfügung, auch wenn du das noch nicht in vollem Umfang begreifen oder erkannt haben solltest.

Menschen, die sich ganz auf dich ausrichten,
lässt du heil sein, umfassend heil;
sie stehen fest auf den Füßen,
weil sie nicht aufgeben.
Verlass dich auf Gott und bleib dran,
denn auf Gott, den Herrn, zu setzen,
ist eine todsichere Sache. (Jesaja 26,3-4; nach MSG)

Bitte gib das Vertrauen auf Christus, unseren Erlöser, nicht auf, weil du das Gefühl hast, er hätte dich vergessen. Er ist näher, als du denkst, und ganz besonders nah ist er Menschen, die ihren Mut verloren haben (siehe Psalm 34,19).

Ich bitte dich, gib dich nicht selbst auf, weil du schon so lange mit deinen Angstgedanken zu kämpfen hast. Hoffnung ist keine Illusion, meine Freundin. Vielmehr ist sie so nah, weil Jesus, der unsere lebendige Hoffnung ist, jede Sekunde eines jeden Tages bei uns ist. Er ist da, mitten in jedem Kampf.

Führe dir in diesem Zusammenhang die folgenden Worte von Paulus vor Augen, als er über sein Handicap spricht. Und dann überlege dir, wie deine Ängste dir dienen können, statt dich zu verwunden:

> *Zuerst betrachtete ich das nicht als ein Geschenk und flehte Gott an, es zu entfernen. Das habe ich dreimal getan, und dann hat er mir gesagt: „Meine Gnade ist genug; sie ist alles, was du brauchst. Meine Stärke kommt in deiner Schwäche zur Geltung." Als ich das hörte, ließ ich es gern geschehen. Ich hörte auf, mich auf das Handicap zu konzentrieren, und begann, es als Gabe zu schätzen. Es war ein Beispiel dafür, dass die Kraft von Christus in meine Schwäche einzog. Heute nehme ich die Einschränkungen, die ich erlebe – Beschimpfungen, schwierige Situationen, Widerstände, Pechsträhnen –, gelassen und mit Freude hin. Ich lasse Christus einfach die Führung übernehmen! Und je schwächer ich werde, desto stärker werde ich.* (2. Korinther 12,8-10; nach MSG)

Mit Gott an deiner Seite bist du größer als dein Kampf. Gottes Möglichkeiten und dein Gehorsam führen zu absoluter Fülle.

Mit dem folgenden Segenswunsch möchte ich mich von dir verabschieden:

> *Der Herr des Friedens selbst gebe euch jeden Tag seinen Frieden, was immer auch geschieht! Der Herr sei mit euch allen!* (2. Thessalonicher 3,16)

> *Gott, tu es noch einmal – bring Regen in unser von Dürre geplagtes Leben, damit die, die verzweifelt waren, als sie gepflanzt haben, bei der Ernte „Ja!" schreien, damit die, die mit schwerem Herzen weggegangen sind, lachend nach Hause kommen, die Arme gefüllt mit Segen.*
> (Psalm 126,4-6; nach MSG)

ANMERKUNGEN

1 „Generalized Anxiety Disorder“, *Diagnostic and Statistical Manual of Mental Disorders,* 5. Aufl., Washington, DC: American Psychiatric Publishing, 2013, 222.

2 „WHO urges more investments, services for mental health“, World Health Organization, https://www.who.int/mental_health/who_urges_investment/en/ [aufgerufen am 13. November 2020].

3 Madhuleena Roy Chowdhury, „The Neuroscience of Gratitude and How It Affects Anxiety & Grief“, PositivePsychology.com, 9. Januar 2020, https://positivepsychology.com/ neuroscience-of-gratitude/.

4 Addys Mayers, „10 Most Stressful Life Events“, *Thrive Global,* 4. Mai 2018, https://thriveglobal.com/stories/10-most-stressful-life-events/.

5 Drake Baer, „One of America's most beloved authors just told us her ‚number one life hack‘ for lasting relationships“, *Business Insider,* 26. August 2015, https://www.busines-sinsider.com/ brene-browns-biggest-life-hack-is-a-simple-phrase-2015-8.

6 „Is it ok for a Christian to take antidepressants?“, *Grace Alliance,* 9. Juli 2019, https://mentalhealthgracealliance.org/ christian-mental-health-and-mental-illness/is-it-ok-for-a-christian-to-take-antidepressants.